Henri Peeters

Survol de la Bible

Henri Peeters

Survol de la Bible

Une approche simplifiée des Ecritures

Éditions Croix du Salut

Impressum / Mentions légales
Bibliografische Information der Deutschen Nationalbibliothek: Die Deutsche Nationalbibliothek verzeichnet diese Publikation in der Deutschen Nationalbibliografie; detaillierte bibliografische Daten sind im Internet über http://dnb.d-nb.de abrufbar.
Alle in diesem Buch genannten Marken und Produktnamen unterliegen warenzeichen-, marken- oder patentrechtlichem Schutz bzw. sind Warenzeichen oder eingetragene Warenzeichen der jeweiligen Inhaber. Die Wiedergabe von Marken, Produktnamen, Gebrauchsnamen, Handelsnamen, Warenbezeichnungen u.s.w. in diesem Werk berechtigt auch ohne besondere Kennzeichnung nicht zu der Annahme, dass solche Namen im Sinne der Warenzeichen- und Markenschutzgesetzgebung als frei zu betrachten wären und daher von jedermann benutzt werden dürften.

Information bibliographique publiée par la Deutsche Nationalbibliothek: La Deutsche Nationalbibliothek inscrit cette publication à la Deutsche Nationalbibliografie; des données bibliographiques détaillées sont disponibles sur internet à l'adresse http://dnb.d-nb.de.
Toutes marques et noms de produits mentionnés dans ce livre demeurent sous la protection des marques, des marques déposées et des brevets, et sont des marques ou des marques déposées de leurs détenteurs respectifs. L'utilisation des marques, noms de produits, noms communs, noms commerciaux, descriptions de produits, etc, même sans qu'ils soient mentionnés de façon particulière dans ce livre ne signifie en aucune façon que ces noms peuvent être utilisés sans restriction à l'égard de la législation pour la protection des marques et des marques déposées et pourraient donc être utilisés par quiconque.

Coverbild / Photo de couverture: www.ingimage.com

Verlag / Editeur:
Éditions Croix du Salut
ist ein Imprint der / est une marque déposée de
OmniScriptum GmbH & Co. KG
Heinrich-Böcking-Str. 6-8, 66121 Saarbrücken, Deutschland / Allemagne
Email: info@editions-croix.com

Herstellung: siehe letzte Seite /
Impression: voir la dernière page
ISBN: 978-3-8416-9941-1

Copyright / Droit d'auteur © 2015 OmniScriptum GmbH & Co. KG
Alle Rechte vorbehalten. / Tous droits réservés. Saarbrücken 2015

Préambule.

Lorsque j'ai reçu Christ dans ma vie, j'ai rapidement ressenti comme une nécessité vitale pour moi d'apprendre à le connaître.

Dans cette quête, les moments les plus appréciables ont toujours été les études bibliques en groupes où chacun a l'occasion de s'y exprimer librement.

Mais très vite, l'insatisfaction a fait place à la joie, faute de ne pas aller suffisamment en profondeur dans l'approche de la Parole. C'est donc pour cette raison que je me suis inscrit auprès d'un Institut Biblique.

Là-bas, j'ai pris goût à l'analyse détaillée du texte par le biais de l'étude inductive, pour finalement comprendre quel était mon appel : enseigner cette vérité à d'autres.

C'est ainsi que notre association, le Centre Chrétien Emmanuel (www.centrechretienemmanuel.be) est devenu un support pour permettre aux églises du monde entier, isolées ou démunies, d'offrir un cursus en Théologie pratique à leurs membres et ministères.

Ce livre fait partie intégrante de ce parcours biblique de trois ans que nous mettons à disposition des communautés intéressées selon des critères établis sur le respect mutuel.

Pour en arriver à ce résultat, j'ai pu compter sur des aides précieuses, que sont mes formateurs, les membres de ma famille et de notre église, les bénévoles, les ministères partenaires, les donateurs, l'éditeur et, par-dessus toutes et tous, notre Seigneur Jésus-Christ sans qui ma vie serait bien fade et improductive. Merci donc à chacun et chacune pour le soutien ponctuel ou permanent durant ces longues années de combat spirituel.

Introduction.

Aborder la Bible sans en avoir une vue simplifiée est quelque chose d'ardu, voire frustrant. Combien de jeunes chrétiens renoncent ainsi à lire l'Ancien Testament à cause des diverses énumérations généalogiques, voire des histoires a priori redondantes, sans parler du côté légaliste et sanglant.

Survoler la Bible, c'est simplement décrire ce merveilleux ouvrage et son contenu de manière succincte mais suffisamment complète.

Ainsi, il est essentiel de comprendre la raison d'être de chaque livre et sa place dans les plans parfaits de l'Eternel.

Pour ce faire, nous établirons un listing des Ecritures, puis distinguerons les deux parties essentielles que sont l'Ancien et le Nouveau Testaments pour enfin les « découper », l'un et l'autre, selon leur raison d'être, en découvrant les liens et les divergences entre les deux époques.

Chaque écrit sera abordé selon son thème principal.

Ce travail est une introduction à toute autre étude plus spécifique que chaque chrétien est amené à réaliser au cours de sa vie.

Chapitre 1 : Vue globale de la Bible.

Avant d'entamer toute autre démarche, nous allons simplement définir ce qu'est la Bible et comprendre comment elle se présente de manière à nous y retrouver plus facilement.

Elle est en fait un recueil scindé en deux volumes (Ancien et Nouveau Testaments) et composé de nombreux livres aussi variés qu'enrichissants. Sa lecture chronologique est fastidieuse, mais nécessaire pour comprendre la continuité parfaite de l'Histoire de l'humanité selon les plans de Dieu.

1. Définitions :

Nous commencerons donc par expliciter ce dont nous parlons.

A. Les Ecritures :

Certains passages du Nouveau Testament grec appellent les livres de l'Ancien :

- « *gramma* », ce qui signifie « lettre, écrit, ouvrage, savoir », auquel est ajouté le terme « *hiera* », saint, sacré (2 Tm 3.15)

- « *graphè* », souvent traduit en français par « écritures » (2 P 3.16).

C'est pourquoi le terme « Saintes Ecritures » est assez populaire et est, aujourd'hui, synonyme de « Bible ».

B. La Bible :

Le nom actuel de « Bible » provient d'abord du grec, ensuite du latin.

Le mot « *biblion* » se trouve à plusieurs reprises dans les textes originaux du Nouveau Testament :

- « ... *un livret de divorce (Mt 19.7).* »
- « ... *un livre du prophète Isaïe (Lc 4.17).* »
- « ... *dans le livre de la loi (Ga 3.10).* »
- « ... *comme un livre se roulant (Ap 6.14).* »
- « ... *dans le livre de vie (Ap 13.8).* »

Notons au passage que le mot « *biblos* » signifie également livre :

- « ... *le livre des paroles d'Esaïe le prophète (Lc 3.4).* »
- « ... *dans le livre de vie (Ph 4.3).* »
- « ... *du livre de la vie (Ap 3.5).* »

A son tour, le mot latin « *biblia* » (neutre pluriel) signifie « les livres ». Cette langue parlée par les Romains a été adoptée et adaptée pour devenir progressivement ecclésiale jusqu'il y a peu encore dans l'église catholique romaine.

En réalité, ce n'est qu'à la fin du quatrième siècle que l'église a appelé les Ecrits sacrés « *Biblia* », apparemment sous l'impulsion de Jean Chrysostome, un des Pères de l'Eglise.

Il faut souligner le caractère neutre et pluriel du nom commun latin « *biblia* » qui pourrait justement se comprendre comme le soulignement d'une succession d'ouvrages complémentaires et importants, ce dont nous ne doutons pas.

C. Les Testaments :

La signification actuelle du mot « testament » est l'acte par lequel une personne dispose des biens qu'elle laissera en mourant.

Si nous pouvons comprendre, par amalgame, que les Ecritures sont un héritage, vivant dans ce cas-ci, laissé par Dieu à ceux qu'Il a choisis, nous ne nous contenterons toutefois pas de cette définition réductrice.

La puissance du terme utilisé « *diathèkè en grec, berith en hébreux* » est nettement plus marquée :

- volonté légale, disposition légale, testament : « *... un testament ayant été reconnu valide (Ga 3.15).* »

- pacte, alliance, traité : « *... le sang de l'alliance (Mt 26.28).* »

- l'ancienne alliance : « *... l'arche de l'alliance (Hb 9.4)* ». Elle est celle de l'Eternel avec Israël.

- la nouvelle alliance : « *... médiateur d'une bien meilleure alliance (Hb 8.4)* ». Celle-ci nous concerne au plus haut point puisque c'est entre Dieu et l'Eglise, par l'intermédiaire de Christ, qu'elle se déroule.

C'est ainsi que le sens considéré du nom « Testament » est « Alliance », car il s'agit d'un contrat avec Dieu.

D. La Parole :

Nous serions incomplets si nous n'abordions pas une dernière façon commune de nommer la Bible.

Le mot grec « *logos* » signifie :

- parole, opposée à l'acte, affirmation, mots, propos : « *votre parole de vous oui, oui ; non, non (Mt 5.37, littéral)* ».

- chose, affaire, cause, raison : « *Mais moi, je vous dis (legau, verbe de logos) que celui qui répudie sa femme, … (Mt 5.32)* ». C'est dans le cadre d'une affirmation directive ou une mise au point que Jésus utilisait ce sens.

- paroles transcrites : « *afin que s'accomplît la parole qu'Ésaïe, le prophète, a prononcée :… (Jn 12.38)* ». Jean cite évidemment un passage des Ecritures confirmant la réalisation de la prophétie d'Esaïe. Le verset précédent montre d'ailleurs le contraste entre une parole et une action (les signes donnés par Jésus).

- parole, ordre, instruction, commandement : « *… pour entendre la parole de Dieu,… (Lc 5.1)* ». Dans ce cas, la foule venait écouter la volonté de Dieu enseignée par Jésus.

- comptes (rendre des) : « *Ainsi chacun de nous rendra compte à Dieu pour lui-même (Rm 14.12)* ». Ce passage soutient la responsabilisation personnelle.

- Parole : « *Au commencement était la Parole, et la Parole était avec Dieu, et la Parole était Dieu (Jn 1.1)* ». Ici, il s'agit évidemment de Jésus.

Il est tout à fait normal de nommer la Bible « Parole de Dieu » puisque nous voyons que c'était déjà le cas auparavant.

De plus, tous les sens de traduction trouvent leur place dans la compréhension du terme. Sur cette base, nous définirions la Parole comme les directives de Dieu transmises par Ses serviteurs et faite chair au travers de Jésus pour nous guider et nous responsabiliser grâce à la compréhension qu'elle apporte et à la particularité qu'elle est active, puisque vivante au travers de Christ ressuscité.

E. Conclusion :

Comme pour toute définition, la difficulté est notre absence lors de la prise de décision originelle. Aussi, les explications sont-elles souvent parcellaires, mais suffisamment complètes pour comprendre le sens profond de l'héritage qui nous est transmis.

2. Origine et historique du Livre actuel :

Il est bien évident que les nombreuses versions de qualité de la Bible dont nous disposons aujourd'hui ne nous sont pas « tombées du ciel » telles quelles : ces dernières décennies, le nombre de traductions dont le monde dispose en est la plus belle preuve puisqu'elle est le résultat de très nombreuses heures de travail acharné.

De plus, cet ouvrage n'est pas comme les autres : il a un caractère sacré qui lui permet de transcender les siècles sans « prendre une ride ».

Nous allons donc nous pencher de manière succincte sur la façon dont les écritures anciennes nous sont parvenues de manière aussi exceptionnelle tant dans leur contenu que dans leur dialectique.

A. L'origine :

Il y a une différence notoire entre les deux Testaments : c'est la linguistique originelle.

En effet, l'ancien a été écrit bien longtemps avant le nouveau, à une époque où, malgré des périodes de déportations, le peuple hébreu utilisait sa langue, tandis que la domination romaine de l'ère chrétienne donnait plutôt libre cours au grec commun. La langue de l'ancien est donc l'hébreu, parfois l'araméen, et celle du nouveau, le grec.

La question essentielle à se poser est de savoir comment nous sommes convaincus de la véracité des textes que nous lisons et analysons aujourd'hui, surtout ceux d'origine lointaine.

B. La transmission :

Au vu de l'importance de la volonté de Dieu pour nos vies, la transmission de Sa Parole ne pouvait souffrir une quelconque anomalie.

Aussi, les exégètes ont-ils suffisamment de certitudes concernant la véracité des écrits dont nous disposons qui ne sont pas des originaux (qui s'étalent d'environ 1450 à 400 ACN) ou des copies primaires.

a. L'Ancien Testament :

Il faut tout d'abord souligner que la tradition juive impose un recopiage très minutieux des textes sacrés de génération en génération, au point d'éliminer purement et simplement tout exemplaire contenant la moindre erreur, détectée lors du recomptage des lettres employées ! En réalité, on dénombre une moyenne de trois fautes par manuscrit.

Vers le 10ème siècle PCN, une mise à jour sérieuse a été réalisée par des savants Juifs, les Massorètes. Il est donc certain que la fidélité des copies garantit qu'elles sont à l'identique des originaux de 20 siècles leurs aînés.

En effet, ces récits en notre possession sont corroborés par une version grecque très ancienne appelée la « Septante », réalisée dix siècles auparavant. A celle-ci s'accole également la version des « Targums », en araméen, avec le texte original hébraïque en interlignes, le peuple Juif revenu de l'exil à Babylone ne maîtrisant plus que ce langage-là.

Ces deux traductions étaient basées sur des textes anciens antérieurs de plusieurs siècles à ceux des Massorètes.

Enfin, nous ajouterons que la communauté juive de Qumram, existant à l'époque de Jésus, nous a légué certains livres écrits entre 300 et 70 ACN, que les Samaritains possédaient le Pentateuque et que d'autres traductions contemporaines ont été retrouvées, notamment en Syriaque ou en Copte.

b. L'origine de l'Ancien Testament :

Comme nous venons de le souligner, la transmission est principalement garantie par le sérieux des copistes. Toutefois, il est certain que, vu la large période couverte par la totalité des écrits, ceux-ci n'étaient pas reliés et présentés comme de nos jours : il s'agissait de longs rouleaux séparés.

Le temps a permis de rendre plus accessibles les révélations de Dieu, d'abord pour Son peuple élu, Israël, ensuite pour Son Eglise.

Ce que nous soulignerons, c'est que l'Ancien Testament était déjà sous sa forme actuelle avant la venue de Jésus.

En résumé, sa présentation regroupait trois thèmes principaux (Mt 5.17 ; Lc 16.29 ; 24.27) :

- La Loi, comprenant Genèse, Exode, Lévitique, Nombres et Deutéronome et appelée définitivement « *Torah* » par les Juifs sous l'égide d'Esdras au cinquième siècle ACN. Comme son nom l'indique, ces règles régissaient la vie du croyant.

- Les Prophètes, dont Esaïe, Jérémie, Ezéchiel, les douze prophètes mineurs, Josué, Juges, 1 et 2 Rois. Cette partie était plutôt considérée comme un prolongement du premier, l'explicitant sans toutefois revêtir la même autorité.

- Les Ecrits, incluant Psaumes, Proverbes, Job, Esther, le Cantique des Cantiques, Ruth, Les Lamentations, Qohélet, Daniel, 1 et 2 Chroniques, Esdras et Néhémie. Ceux-ci étaient encore moins imposants ; les Psaumes, par exemple, étaient utilisés pour les réunions rituelles. Cette dernière partie resta non figée jusqu'après la mort de Jésus, la liste des ouvrages augmentant au fur et à mesure du temps écoulé.

En 90 ACN, la liste d'Esdras fut définitivement arrêtée, à l'unanimité, par les rabbins.

Jésus en a d'ailleurs authentifié sa pérennité (Jn 10.36) et a cité directement pas moins de 70 passages lors de son ministère.

Ce n'est qu'après la destruction de Jérusalem en 70 PCN que les pharisiens confirmèrent, à Jamnia en Judée, la liste définitive des Ecritures. Ils prirent la précaution de ne reconnaître comme infaillible que les livres dont ils disposaient encore des originaux en hébreu, soit 39. Ceux qui leur étaient parvenus en d'autres langues (surtout en grec) furent rejetés par principe de précaution, même si l'écriture originale avait été l'hébreu.

L'historien juif à la solde des Romains, Flavius Josèphe, cita d'ailleurs le canon tel que les pharisiens l'avaient établi.

En parallèle à cela, d'autres Juifs, issus de la diaspora consécutive aux conquêtes alexandrines (4ème siècle ACN), avaient adopté comme mode usuel de communication le grec et traduisirent donc la Loi afin de rester dans les ordonnances de Dieu. Au 3ème siècle ACN, la traduction complète de l'Ancien Testament en grec fut achevée : elle s'intitule la Septante que nous avons évoqué précédemment.

Cette dernière version était reconnue comme identique à celle en hébreu arrêtée à Jamnia, malgré quelques divergences structurelles importantes : le regroupement des divers écrits en 4 parties, les titres de ces 4 volumes et leur contenu.

- Le Pentateuque, en lieu et place de la Loi.

- Les Livres historiques, avec le transfert de 1 et 2 Chroniques, Esdras et Néhémie.

- Les Livres poétiques et sapientiaux.

- Les Prophètes.

Ajoutons que 7 livres, supplémentaires aux 39 retenus à Jamnia, furent intégrés à cet ouvrage, sans doute parce qu'ils étaient déjà en grec :

- Judith, Tobit, 1 et 2 Maccabées dans les Livres historiques

- Siracide et Sagesse dans les Livres poétiques et sapientaux

- Baruch et la lettre de Jérémie (en un seul écrit) dans les Prophètes

La version « Septante » comporte donc 46 livres pour 39 à celle de Jamnia.

Nous reviendrons évidemment sur cet état de fait plus tard.

c. Le Nouveau Testament :

Au vu de sa proximité historique, du laps de temps court de rédaction (d'environ 30 à maximum 120 PCN selon les spécialistes et les volumes) et des nombreuses traces laissées par nos prédécesseurs, le contenu et la fiabilité du Nouveau Testament prêtent moins à discussion pour les profanes.

Au départ, le Nouveau Testament n'existait évidemment pas. Mais très vite, les églises locales du bassin méditerranéen se transmirent tous les enseignements et courriers d'exhortation, se créant progressivement un véritable patrimoine écrit commun. Les divers manuscrits se sont naturellement multipliés : la disparition progressive des originaux (souvent à cause de l'usure) n'influe donc pas sur la véracité du contenu de chaque écrit puisque les très nombreux fac-similés ont pu être valablement comparés.

Plusieurs ouvrages regroupant partie ou entièreté des livres de la Bible ont été retrouvés dans des fouilles archéologiques, notamment aux 19ème et 20ème siècles :

- Codex « Sinaiticus », datant du 6ème siècle PCN : tout le Nouveau Testament en grec.

- Codex « d'Ephrem » (environ 450 PCN) : dont la particularité était une copie réalisée sur un papyrus gratté qui contenait le Nouveau Testament presque complet.

- Codex « Alexandrinus » : les deux Testaments en grec.

- Codex « Vaticanus » : l'Ancien Testament en entier et le Nouveau jusque Hébreux 9.14, en grec.

- Codex « de Bèze » : version grecque et latine.

En réalité, il n'existe aucune donnée précise sur le moment de la création d'un seul ouvrage biblique, mais il semblerait que la fusion des manuscrits ait commencé dans le premier siècle PCN parce qu'il apparaissait logique aux chrétiens d'avoir une continuité des textes par rapport à l'Ancien Testament qui préfiguraient la venue du Messie venu accomplir la Loi et les Prophètes (Mt 5.17), soit la réalisation de la promesse.

A la moitié du 2ème siècle PCN, afin de lutter contre les diverses tentatives de déstabilisation mettant en doute les documents utilisés au sein des Eglises, leurs responsables décidèrent de reconnaître infaillibles ceux qui faisaient autorité à cette époque lors des réunions communautaires : les Evangiles de Matthieu, Marc, Luc et Jean.

Bien qu'un manuscrit appelé « fragment de Muratori », daté de 170 PCN, reprenne déjà la liste du Nouveau Testament contemporain, ce n'est qu'au 3ème siècle que la version définitive fut précisée :

- Les quatre Evangiles. A noter que l'ordre de rédaction est le suivant : Marc, disciple de Pierre, ce qui explique pourquoi il débute par l'appel de Jésus à Pierre ; Matthieu s'adressant aux Juifs ; Luc qui transcrit des témoignages récoltés auprès de Marc, Pierre ou Paul ; Jean qui était, des douze apôtres ayant accompagné Jésus, le plus jeune.

- Le livre des Actes, rédigé par Luc, dans la foulée de son Evangile.

- Treize épîtres de Paul

- Les premières épîtres de Pierre et de Jean

Par la suite, d'autres livres furent encore intégrés jusqu'au 4ème siècle, parfois avec douleur car ils étaient controversées :

- La deuxième épître de Pierre
- Celle de Jacques
- La deuxième et troisième de Jean
- Celle de Jude
- Celle aux Hébreux
- L'Apocalypse de Jean, ponctuant ainsi l'entièreté de son travail sur l'île de Patmos.

Au total, la forme définitive comporte 27 livres.

Soulignons que parmi les écrits douteux qui furent irrémédiablement rejetés figuraient l'histoire de l'enfance de Jésus ressemblant bizarrement à une succession d'actes de magies répétés pour épater la galerie, une apocalypse de Pierre (nom d'emprunt) ainsi que un Evangile et des lettres de 2 Barnabbas distincts, de Hermas et de Clément de Rome.

D'autres courriers, provenant par exemple de Polycarpe et destiné aux Philippiens, ou d'Ignace d'Antioche, qui n'avaient aucune prétention d'infaillibilité, n'ont évidemment pas retenu l'attention.

C. <u>Grandes lignes de l'histoire biblique :</u>

Nous venons de comprendre le comment et le pourquoi de la composition de la Bible. A partir de cela, nous allons observer l'évolution de celle-ci au travers de notre ère en nous cantonnant évidemment aux versions françaises lorsqu'elles apparaîtront. Celle-ci commence par les Pères de l'Eglise, dignes successeurs spirituels des apôtres qui devront se charger de ce travail délicat. Parmi eux, nous citerons Irénée, Tertullien, Clément d'Alexandrie, Origène, Eusèbe de Césarée, Athanase d'Alexandrie, Jérôme et Augustin.

a. Intégration des livres deutérocanoniques :

Rappelons-nous tout d'abord un fait historique important : Jérusalem a été détruite en 70 PCN, sa population anéantie et le peu de rescapés, dont la majorité était de pharisiens, dispersés. Ceux-ci ont conservé leur culture religieuse en perdant, au travers de leur diaspora, l'influence sur l'église naissante.

En parallèle, la langue usuelle étant le grec, il n'est pas étonnant que la version de l'Ancien Testament de référence soit devenue la « Septante », intégrant les 7 livres deutérocanoniques.

La traduction latine, dont la version la plus connue et répandue au Moyen-âge et durant des siècles encore après fut la « Vulgate » de Jérôme, se basait beaucoup sur le contenu de la « Septante », pas nécessairement sur le texte grec (voir point b).

Trois personnages centraux joueront un rôle dans la polémique des livres deutérocanoniques : Origène (185-254) et Augustin (354-430), furent de fervents supporters de la version complète, tandis que plus tard, Jérôme (347-420) revint à la version basique.

La décision finale sera arrêtée en 397 PCN, au troisième Concile de Carthage.

Jusqu'à la Réforme, au 16ème siècle, les églises d'Occident et d'Orient privilégièrent la position d'Origène.

A ce moment, Luther conforta la version de Jérôme en rejetant la valeur sacrée des livres deutérocanoniques qui furent appelés apocryphes par les protestants. Celui-ci considéra toutefois qu'ils revêtaient un certain intérêt, au point de les placer en annexe de sa Bible. Ses successeurs maintinrent cette voie jusqu'au 19ème siècle. Actuellement, les sept livres sont absents de nos versions protestantes, mais présentes dans les traductions œcuméniques (réalisées par des représentants des diverses obédiences chrétiennes).

Par réaction sans doute, l'Eglise catholique romaine, lors du Concile de Trente (1546), décida de confirmer définitivement l'intégration de tous les livres dans leur canon et déclara la Vulgate « authentique ». Ceci fut à nouveau répété lors du premier concile du Vatican en 1870.

Les Orthodoxes n'ont jamais pris position dans ce conflit et ont continué à utiliser l'entièreté des textes, y incluant même d'autres documents comme 1 et 2 (ou 4) Esdras, la Prière de Manassé, le Psaume 151 ou 3 et 4 Maccabées. Ceux-ci ne sont cités que pour mémoire.

b. L'évolution des versions francophones :

Pour rappel, aucun n'original ne nous est parvenu, mais bien des copies fiables appelées Codex (feuilles reliées sous forme de livre) pour la plupart.

Le latin, comme dit ci-dessus, a été la langue du clergé durant de très nombreux siècles. Divers exemplaires peu fiables se retrouvèrent sur le marché, les diverses communautés ayant leurs versions adaptées, complétées et de sources parfois douteuses. Tant Augustin que Jérôme se plaignirent d'une telle pollution spirituelle.

La « Vulgate » (autrement dit, version commune) devint tardivement la référence (au 11ème siècle) : c'est Jérôme qui, partant des textes originaux hébreux et grecs, en fut le principal acteur. En effet, après avoir été longtemps décriée, elle fut enfin reconnue comme la seule source d'autorité spirituelle au sein de l'Eglise et confirmée comme celle de l'Eglise catholique romaine au Concile de Trente, au point de servir de point de départ pour toute traduction ultérieure jusqu'à celle de l'abbé Crampon (fin 19ème et début 20ème siècles), en dépit des copies des textes originaux conservés !

Alors que le clergé s'accrochait au latin, il n'en était pas de même pour le peuple qui s'adonnait progressivement au français. Afin de toucher cette population par trop dépendante des instances ecclésiales vu leur incapacité à lire le Texte Sacré, les premières tentatives de traductions apparurent à la fin du 13ème siècle grâce, notamment, à un marchand lyonnais qui en finança une partie (les Psaumes et une grande portion du Nouveau Testament). A cela, nous ajouterons la Bible « Historiale » et celle dite « des pauvres » au 13ème siècle. Toutes les versions proposées alors ne contenaient qu'une partie les textes, mais aussi des commentaires en langage courant, parfois dialectal.

Malheureusement, en parallèle à ces œuvres de qualité, des hérésies circulaient sans respect pour le contenu original.

Deux siècles plus tard, consécutivement à la Réforme, le véritable travail de traduction prit son envol. En effet, la volonté de ses initiateurs était de revenir à la source pure de la foi en l'expurgeant de toutes les saletés et déviances accumulées au cours de siècles. Ainsi, transmettre la vérité biblique au commun des mortels en s'opposant au système matérialiste du clergé médiéval devenait la priorité absolue.

Les réformateurs décidèrent alors de rompre avec l'usage catholique romain qui consistait à privilégier l'élitisme latiniste. Sous l'impulsion du Vicaire Lefèvre d'Etaples, ils rédigèrent progressivement une Bible francophone correcte, issue de la Vulgate, mais aussi du grec pour l'Ancien Testament. Malheureusement, un frein y fut mis par la faculté théologique de Paris qui craignait par-dessus tout que le peuple puisse avoir accès ainsi à la Vérité. La publication en fut tout simplement interdite. Bravant cette décision, la Bible « Lefèvre d'Etaples » fut éditée à Anvers vers 1530. Une révision fut réalisée en 1850, en même temps qu'une modification de l'intitulé : elle s'appela désormais « Bible de Louvain ».

Les Suisses et les Vaudois s'associèrent lors du Synode de 1532 pour publier la Bible « de Serrières » (1535) mieux connue sons le nom de l'auteur, Olivetan, qui avait la particularité de puiser sa source dans les textes originaux hébraïques, araméens et grecs. Elle devint, au gré des révisions par les protestants, La Bible « de Genève » (1540) qui fit école jusqu'à la fin du 17ème siècle.

A cette époque, les rivalités entre catholiques et protestants et l'évolution constante de la langue française aboutirent à un fait navrant : aucune Ecriture ne fut désignée comme référence, contrairement à celle de Luther en Allemagne (1534) ou celle du roi Jacques en Angleterre.

La preuve lamentable en fut la version catholique, adaptée sur celles de Lefèvre d'Etaples et d'Olivetan (1550), sans les commentaires, sous l'égide de la Faculté de Louvain. Comme de quoi les traducteurs reconnus par les protestants l'étaient aussi par les catholiques.

Au 17ème siècle, une Bible aurait pu faire autorité : la version du « Maistre de Sacy », assisté de Pascal, Arnaud, Pierre Nicole, Pierre Thomas du Fossé, tous connus sous le collectif des écrivains de Port-Royal. Malgré l'utilisation d'un français moderne, l'échec résida dans le fait que les exégètes étaient membres d'une secte, les jansénistes, ce qui rendit leur excellent travail suspect aux yeux des autorités spirituelles. Malgré le rejet ecclésial, sa parution connut un succès constant dans toutes les couches de la société jusqu'au début du 20ème siècle et des romanciers célèbres s'en inspirèrent : Stendhal, Hugo ou Rimbaud, par exemple.

Ainsi donc, fin du 17ème siècle, seulement deux Ouvrages étaient encore en circulation : la Bible « de Genève » pour les protestants et la Bible « de Louvain » pour les catholiques, toutes deux révisées et fortement inspirées de Lefèvre d'Etaples et d'Olivetan.

Au 18ème siècle, l'émergence des sciences ralentit fortement la foi chrétienne et la référence à la Bible. Malgré cela, certains persévèrent à moderniser et à promulguer la Vérité. Les plus connus sont Martin (1724) et Ostervald (1744) qui révisèrent chacun de leur côté la Bible de Genève.

c. La Bible aujourd'hui :

Ce n'est donc qu'aux 19ème et 20ème siècles qu'une ardeur nouvelle naquit, tant au niveau des traductions que de la diffusion.

Du côté protestant :

- Nous connaissons tous la Bible « Segond » (1880), littérale et cohérente, considérée plutôt comme une Bible d'étude au vocabulaire riche de pas moins de 70 000 mots, et notamment révisée en 1910.

- La Bible « Segond, dite à la Colombe » (1978) est la révision la plus profonde de l'édition 1880, basée sur un vocabulaire plus moderne.

- La Bible « Segond, dite Nouvelle Edition de Genève » (1979) s'est principalement limitée à adapter les temps et le langage de l'édition originale. Elle est actuellement en cours de modernisation.

- La « Nouvelle Bible Segond » (2002) se porte plus sur le respect de la fidélité au texte biblique qui a fait la réputation de 1880.

- La « Bible segond 21 » (2007) cherche à respecter la formulation originale, mais en la rendant plus facile à lire en utilisant des phrases plus courtes et un vocabulaire plus moderne.

- La « Martin » (1724).

- L' « Ostervald » (1744).

- La « Darby » (1859 pour le N.T. et 1885 pour l'A.T.) est très littérale et a subi très peu de modification au cours des années.

- La « Bible synodale » (1910), est en fait l' « Ostervald » révisée.

- La « Semeur » (1991) fut modernisée en 2002.

- Ajoutons à cela les « Bibles » en bandes dessinées dont les premiers exemplaires sortirent par épisodes en 1970 et en version complète en 1980. Une version plus moderne date de 2000.

La plupart des versions protestantes modernes comprennent non seulement les 66 livres, mais aussi des exemplaires avec les apocryphes qu'ils empruntent aux versions catholiques, laissant un libre choix à l'acquéreur.

<u>Du côté catholique :</u>

- La Bible de « Jérusalem » est sortie partiellement en 1955 et en version complète en 1973. Elle comporte 27 000 mots et est le fruit d'un travail collectif de plus de cent personnes.

- La Bible de « Jérusalem de 1998 », fruit d'un seul interprète et simplifiée pour ne plus contenir que 14 000 mots.

- La Bible de « l'abbé Crampon » (1894) révisée en 1904.

- La Bible de « Maredsous » date de 1949 et a été revue en 1975.

- La Bible « Osty et Trinquet » de 1973.

- La « Traduction Officielle pour la Liturgie » (1977).

- La Bible de « Pierre de Beaumont » (1981) est un ouvrage « grand public » à la traduction très libre et approximative.

- La Bible des « Communautés Chrétiennes » (1990), littérale et moderne s'est imposée comme Bible de référence en 1998 sous l'appellation Bible des « Peuples ».

<u>Au niveau des traductions œcuméniques :</u>

- La célèbre « TOB » (1972) est un ouvrage collectif, littéral et clair dont une version allégée est disponible. Une révision a eu lieu en 1988.

- La Bible en « français courant » date de 1982 et fut écrite-sous l'impulsion des Protestants. Elle contient 25 000 mots et est facile à comprendre. Ce n'est évidemment pas un ouvrage d'étude. Elle a été revue en 1997.

- La « Parole de vie » (2000) est en français fondamental, c'est-à-dire qu'elle n'utilise que 3 500 mots, une grammaire simplifiée et est basée sur le sens plutôt que le littéral. Plus encore que la Bible en « français courant », elle vise la diffusion et la compréhension de la Parole vers le plus grand nombre et notamment les pays d'Afrique francophone, cause prioritaire de sa réalisation.

Les versions non confessionnelles :

Par définition, elles apportent souvent un regard rigoureux sur le contenu originel sans l'influence chrétienne.

- La « Pléiade » a été éditée en deux phases. En 1956, l'Ancien Testament a pris une orientation très poétique, tandis qu'en 1971, le Nouveau Testament est malheureusement apparu plus dénué.

- La « Chouraqui » (1985) est très (trop ?) littérale au point de donner une certaine impression de lourdeur et rendre la compréhension parfois difficile

- Nouvelle version de la Bible de « Lemaistre de Sacy » en 1990.

- La « Bayard et Médiaspaul » (2001) rédigée selon une idée pour le moins intéressante d'équipes mixtes : chaque livre se voyait attribuer un exégète et un écrivain public. Ainsi, le langage ecclésial a été banni.

Le Rabbinat :

Le rabbinat français a traduit l'Ancien Testament en 1966.

Cette liste est sans doute incomplète, mais elle tend à souligner la richesse du choix disponible aujourd'hui, permettant à tout un chacun de réaliser des exégèses de qualité en comparant les divers textes d'auteurs, d'origines et d'obédiences parfois opposées, mais tous soucieux d'apporter au lecteur le contenu de ce merveilleux livre : la Parole vivante.

A nous de faire les choix adéquats en fonction de ce que nous cherchons à comprendre ou à apporter.

D. Conclusion :

La diffusion de la Bible en français n'a jamais été aussi importante qu'aujourd'hui : les supports multimédias sont évidemment un atout complémentaire.

Pour en arriver à cela, les efforts ont parfois dû être violents face à l'opprobre des autorités ecclésiales élitistes d'une certaine époque. Dieu veut que la Bonne Nouvelle soit annoncée dans le monde entier afin d'hâter le retour de Christ. Ne privons pas le monde d'une telle aubaine.

Prenons toutefois garde aux traductions « orientées » de façon conscientes ou non qui auraient pour objectif souvent inavoué de supprimer ou modifier les textes pour les faire coller aux doctrines enseignées comme le fait de nier la divinité de Christ ou féminiser à outrance la théologie. Sans connaissance suffisante, évitons de nous lancer dans la lecture de versions inconnues.

Les traductions fiables subissent de très nombreux contrôles de la part de chaque obédience.

3. Composition :

Les versions bibliques actuelles comportent évidemment le même nombre de livres (hormis les apocryphes), mais pas toujours disposés de la même manière.

Dans l'étude de l'Ancien Testament (voir chapitre 3), nous apprendrons à les placer chronologiquement afin d'en comprendre la portée selon le contexte.

Cette première approche va nous familiariser, si besoin en est encore, avec la décomposition actuelle sur base des déductions faites par des exégètes réputés.

A. <u>66 livres communs à tous :</u>

Nous l'avons étudié dans la première partie de ce cours : toutes les obédiences s'accordent sur un nombre commun de livres sacrés : 66.

La subdivision admise par tous comporte deux volumes distincts : l'Ancien et le Nouveau Testaments.

a. <u>L'Ancien Testament :</u>

Cette partie commune avec la religion juive est la plus imposante en volume et variété. En effet, elle se compose de 39 livres répartis en 4 groupes :

- Le Pentateuque ou la Loi, comprenant Genèse, Exode, Lévitique, Nombres et Deutéronome, soit 5 ouvrages.

- Les 12 Livres Historiques regroupant Josué, Juges, Ruth, 1 et 2 Samuel, 1 et 2 Rois, 1 et 2 Chroniques, Esdras, Néhémie et Esther.

- Les 5 Livres Poétiques incluant Job, Psaumes, Proverbes, Ecclésiaste et Cantique des Cantiques.

- Les 17 Livres Prophétiques subdivisés en deux sous-groupes : les 5 Grands Prophètes (Esaïe, Jérémie, Les Lamentations de Jérémie, Ezéchiel, Daniel) et les 12 Petits Prophètes (Osée,

Joël, Amos, Abdias, Jonas, Michée, Nahum, Habacuc, Sophonie, Aggée, Zacharie et Malachie).

Ces 39 livres sont donc regroupés par thème et non par ordre chronologique.

b. Le Nouveau Testament :

Le calcul est vite réalisé : pour atteindre le quota, il reste 27 livres, communs à tous.

- Les 4 Evangiles en deux catégories : les 3 synoptiques (Matthieu, Marc et Luc) et celui de Jean.

- Les Actes des Apôtres.

- Les 21 Epîtres : les 13 Epîtres de Paul (Romains, 1 et 2 Corinthiens, Galates, Ephésiens, Philippiens, Colossiens, 1 et 2 Thessaloniciens, 1 et 2 Timothée, Tite, Philémon), l'Epître aux Hébreux (l'auteur non répertorié, peut-être Paul, restant une source potentielle de conflit stérile, nous évitons de la classer dans l'un ou l'autre groupe) et les 7 Epîtres Générales (Jacques, 1 et 2 Pierre, 1, 2 et 3 Jean et Jude).

- L'Apocalypse ou Révélation.

Dans ce cas-ci, les répartitions semblent plus aisées parce que nous connaissons la plupart des auteurs et qu'il existe une certaine chronologie facile à respecter.

B. Sept livres Deutérocanoniques :

Nous avons déjà étudié le fait que l'Eglise catholique romaine a adopté 7 Livres complémentaires qui sont appelés « Deutérocanoniques » par eux et « Apocryphes » par les protestants.

Il s'agit d'ouvrages entiers d'une part, et d'ajouts à d'autres textes reconnus d'autre part. Leur particularité est que, pour la plupart, la date de rédaction se situe dans la période de silence entre l'Ancien et le Nouveau Testament. Comme nous l'avons signalé, il n'en existe aucune version hébraïque, raison pour laquelle beaucoup les rejettent.

Nous serions incomplets si nous ne signalions pas que des protestants, les Anglicans, les utilisent, mais uniquement comme livres pieux.

Aucune citation du Nouveau Testament ne corrobore leur existence, ce qui constitue la seconde source de déni.

Quelle est différence entre « deutérocanonique » et « apocryphe » ? La sensibilité des uns et des autres :

- « *deuteros* », terme grec signifie deuxième et peut se traduire comme postérieur, faisant suite à ... (Mt 22.26 ; Mc 12.21 ; Jn 9.24 ; Ap 4.7).

- « *kanôn* », reprend la notion de « règle (2 Co 10.15, 16) ou cahier des charges (ensemble de règles) (2 Co 10.13) ».

- « *apo + ...* », entend le sens de « en partant de, éloignement de, loin de (Mt 5.29), provenant de (Mt 3.13) ».

- « *kruptè* » est rendu par « cachette, lieu caché (Lc 11.33) ».

Nous pourrions donc résumer les positions en disant que les catholiques les considèrent comme des écrits venant après l'ensemble des règles que sont la Bible initiale de 66 livres et, de ce fait, sont assimilés et intégrés dans l'original avec la même valeur canonique, tandis que les protestants les présentent comme étant éloignés des textes révélés (secrets) et donc indignes d'être considérés avec la même valeur que les textes reconnus comme sacrés.

Quoiqu'il en soit, ces livres apportant un certain éclairage sur les temps bibliques, historiques et philosophiques, il serait insensé de ne pas au moins les considérer comme une source d'information afin d'améliorer la compréhension des choses sans toutefois leur donner un caractère sacré.

Comme nous l'avons dit, ils sont au nombre de 7, répartis comme suit :

- 4 Livres Historiques : Tobit, Judith, 1 et 2 Maccabées

- 2 Livres Poétiques : L'ecclésiastique (ou Siracide) et La Sagesse de Salomon

- 1 Livre de Prophéties : Baruch incluant la Lettre de Jérémie

A ceux-ci, nous ajoutons un complément aux livres d'Esther (Livre historique) et un à celui de Daniel (Grand Prophète) uniquement écrits en grec et donc refusés par les Juifs et les Protestants.

C. **Des livres perdus :**

Plusieurs livres sont mentionnés dans l'Ancien Testament sans jamais avoir été trouvés.

Il s'agit notamment du « Livre du Juste » mentionné en Josué, des « Actes de Salomon » repris dans 1 Rois, du « livre du prophète Iddo » et des « commentaires du livre des Rois » cités en Chroniques.

D. Vue synthétique de l'entièreté de la Bible :

Il est fastidieux de résumer en quelques mots chaque ouvrage.

Le principe utilisé ici est de nous offrir une approche simpliste, mais intéressante sur plusieurs plans : relever la totalité des livres dans l'ordre chronologique, mentionner les auteurs connus ou supposés, donner les thèmes principaux et, pour l'Ancien Testament, définir le lien spirituel avec le nouveau (Mt 5.17).

Tableau 1 : L'Ancien Testament

Le Pentateuque

Livres	Auteurs probables	Thèmes principaux	Thèmes communs A.T. et N.T.
Genèse	Moïse	Le commencement La chute Peuple élu et Alliance	Plan du salut
Exode	Moïse	Sortie d'Egypte Séjour dans le désert	Modèle de vie chrétienne
Lévitique	Moïse	Les lois de Dieu	Prémices de la Nouvelle Alliance
Nombres	Moïse	Les dénombrements L'organisation La traversée du désert	Symbolisme du Messie
Deutéronome	Moïse	Rappel des lois Exhortations à l'obéissance	Obéissance ou comment marcher selon Dieu

Les Livres Historiques

Livres	Auteurs probables	Thèmes principaux	Thèmes communs A.T. et N.T.
Josué	Josué	Conquête du pays promis. Partage du pays	Canaan = vie chrétienne. Cananéens = ennemis spirituels. Conquête = combat de la foi. Repos = paix de l'âme. Cananéens graciés = compromis
Juges	Samuel	Histoire d'Israël sous la théocratie	Faiblesse de la chair. Puissance de la prière
Ruth	Samuel	Etrangère agréée par Dieu	Aïeule de Jésus
1 Samuel	Samuel	Passage à la Royauté	Puissance de la Prière. Souffrance due à la désobéissance
2 Samuel	Samuel	David roi	Repentance et Pardon. Obéissance. Conséquences du péché
1 Rois	?	Salomon roi. Division du Royaume	Sagesse. Temple. Appel de Dieu pour le ministère
2 Rois	?	Histoire des Royaumes divisés (suite)	Obéissance et désobéissance : conséquences
1 Chroniques	Esdras	David	Dieu souverain. Prière puissante (Yaebets)
2 Chroniques	Esdras	Salomon. Histoire de Juda	Prière puissante. Sagesse

			Présence de Dieu dans le temple sanctifié Louange = force
Esdras	Esdras	Retour de Juda Reconstruction du temple	Fidélité de Dieu
Néhémie	Esdras (Néhémie)	Reconstruction des murailles de Jérusalem	Dieu restaure son peuple
Esther Ajouts	?	Délivrance des Juifs Ne parle jamais de Dieu ! *Le nom de Dieu y apparaît*	Jeûne

Les Livres Poétiques

Livres	Auteurs probables	Thèmes principaux	Thèmes communs A.T. et N.T.
Job	?	Duel : Dieu/Satan	Satan = notre ennemi Epreuve = moyen de sanctification Toute puissance de Dieu
Les Psaumes	David ++	Cantiques divers	Prière Louange
Les Proverbes	Salomon	Sagesse	Conduite chrétienne
L'Ecclésiaste	Salomon	Vanité des choses	Priorité à Dieu Matérialisme inutile
Cantique des Cantiques	Salomon	Amour	Eglise et Christ

Les Grands Prophètes

Livres	Auteurs probables	Thèmes principaux	Thèmes communs A.T. et N.T.
Esaïe	Esaïe	Rédemption de Juda Fin des temps	Pardon divin et salut Dispensation de la grâce
Jérémie	Jérémie (Baruch)	La déchéance du peuple L'esclavage de Juda Restauration future	Conséquences du déclin spirituel
Lamentations	Jérémie (Baruch)	Souffrance de l'homme	Souffrance suite aux conséquences de la chute
Ezéchiel	Ezéchiel	Annonce de restauration Nouveau temple	Fin des temps
Daniel *Ajouts*	Daniel ?	Dieu est souverain *Plusieurs exploits de Daniel* *Prière des trois amis de Daniel*	Vision de la fin des temps

Les Petits Prophètes

Livres	Auteurs probables	Thèmes principaux	Thèmes communs A.T. et N.T.
Osée	Osée	Apostasie d'Israël	Adultère spirituel Appel à la repentance
Joël	Joël	Appel à la repentance de Juda Le jour de l'Eternel	Repentance Promesse de l'effusion de l'Esprit Saint Annonce de la fin des temps
Amos	Amos	Prétention d'Israël	Luxe inutile

		Annonce de la dispersion	Appel à la repentance
Abdias	Abdias	Ruine d'Edom, orgueilleuse Restauration de Juda	Dieu protège, restaure et venge ses oints persécutés
Jonas	Jonas	Salut pour le monde	Appel refusé = punition Repentance = pardon Imperfection = naturel Annonce du salut pour les gentils
Michée	Michée	La vraie religion Pardon des péchés de Juda Lieu de naissance du Messie	Annonce de la naissance de Jésus Fin des temps
Nahoum	Nahoum	Destruction de Ninive Promesse de restauration de Juda	Sentence de Dieu suite à l'idolâtrie
Habakuk	Habakuk	Le juste vit par la foi	La puissance de la foi
Sophonie	Sophonie	Jugements de Dieu	Fin des temps pour Juda
Aggée	Aggée	Reconstruction du temple	Restauration de la Maison de Dieu en cas d'obéissance
Zacharie	Zacharie	Reconstruction du Temple Venue du Messie Israël glorieuse	Fin des temps
Malachie	Malachie	Préparation de la venue du Messie	Jésus-Christ

Les livres apocryphes

Livres	Auteurs probables	Thèmes principaux
Tobit	?	Chasser un démon selon un rite !
Judith	?	Salut de Jérusalem par la séduction
Sagesse de Salomon	?	Sagesse
Siracide	Sira	Sagesse à Jérusalem
Baruch	?	Sagesse venant de Dieu
Lettre de Jérémie	?	Exhortation à rester fidèle à Dieu
1 et 2 Maccabées	?	Révolte des frères Maccabées contre Antiochus IV

Tableau 2 : Le Nouveau Testament

Les Evangiles et Actes

Livres	Auteurs probables	Thèmes principaux
Marc	Marc	Jésus présenté aux chrétiens non juifs Roi Serviteur
Matthieu	Matthieu	Jésus présenté aux Juifs Messie
Luc	Luc	Jésus présenté aux Gentils
Jean	Jean	Jésus, fils de Dieu Révélation spirituelle
Actes	Luc	Naissance de l'Eglise Saint Esprit

Les Epîtres de Paul

Livres	Auteurs probables	Thèmes principaux
Romains	Paul	Plan du Salut Vivre par la foi
1 Corinthiens	Paul	Purification de l'église

		Discipline
2 Corinthiens	Paul	Ministère de Paul
Galates	Paul	Justification par la foi Liberté en Christ
Ephésiens	Paul	Peuple de Dieu : Juifs et Gentils
Philippiens	Paul	Victoire et joie en Christ
Colossiens	Paul	Christ, chef et modèle
1 Thessaloniciens	Paul	Retour de Christ
2 Thessaloniciens	Paul	Seconde venue de Christ
1 Timothée	Paul	Conseils au jeune berger
2 Timothée	Paul	Exhortations au berger Demande de soutien
Tite	Paul	Devoirs des ministères Bonnes oeuvres
Philémon	Paul	Sollicitude pour un esclave Respect de la loi

Livre	Auteur probable	Thèmes principaux
Hébreux	Certains l'attribuent à Paul, d'autres le nient	Nouvelle alliance supérieure à l'ancienne Foi supérieure à la Loi

Les Epîtres Générales et Apocalypse

Livres	Auteurs probables	Thèmes principaux
Jacques	Jacques	Œuvres par la foi ou la foi vivante
1 Pierre	Pierre	Victoire sur la souffrance
2 Pierre	Pierre	Faux docteurs Moqueurs
1 Jean	Jean	Vie sainte Amour fraternel
2 Jean	Jean	Faux docteurs Hérésie
3 Jean	Jean	Accueil chrétien
Jude	Jude	Danger contre les faux docteurs
Apocalypse	Jean	Révélation de la fin des temps

E. Les chapitres et versets :

Nous prendrons la précaution, lorsque nous sommes amenés à examiner un texte biblique, de tenir compte d'une donnée importante : les textes originaux n'étaient pas subdivisés en versets et chapitres. Ils ne comportaient évidemment pas de titres intermédiaires non plus.

Cette présentation n'est entrée en vigueur que bien après la mort et la résurrection de Jésus-Christ.

L'Ancien Testament fut découpé en versets, lors de sa révision du 10ème siècle, par les Massorètes, Juifs érudits.

Les chapitres furent créés au 13ème siècle par, selon les sources divergentes, un Espagnol, le cardinal Hugo ou un Anglais, l'archevêque de Canterburry, Langton, qui cherchait à faciliter la lecture quotidienne de la Parole dans les monastères.

En ce qui concerne le Nouveau Testament, c'est Robert Estienne qui en présenta le plan dans sa version gréco-latine de Genève, en 1551, notant ceux-ci dans les marges. La version définitive concernant l'entièreté de la Bible, toujours actuelle, est apparue en 1555, dans une Vulgate, de l'œuvre de Robert Estienne.

Dans le langage populaire de l'époque, ce sont les Anglais qui emboîtèrent rapidement le pas à cette approche simplifiée, optant soit pour la subdivision « Vulgate » (1560), soit pour l'autre (1557).

Théodore de Bèze et Calvin inclurent les numéros de versets dans les textes en 1565, imités en cela par le Pape Clément (1594).

Cette information est évidemment primordiale pour les exégètes. En effet, c'est le travail subjectif des hommes qui amène à placer des textes sous un certain éclairage.

Or plusieurs exemples tentent à démontrer que, malheureusement, des continuités de récits ont été malencontreusement interrompues, par des chapitres inopportuns et des titres mal assortis.

Voici deux exemples :

- *« Dieu vit tout ce qu'il avait fait et voici, cela était très bon. Ainsi, il y eut un soir, et il y eut un matin: ce fut le sixième jour. Ainsi furent achevés les cieux et la terre, et toute leur armée. Dieu acheva au septième jour son œuvre, qu'il avait faite: et il se reposa au septième jour de toute son œuvre, qu'il avait faite. Dieu bénit le septième jour, et il le sanctifia, parce qu'en ce jour il se reposa de toute son œuvre qu'il avait créée en la faisant. Voici les origines des cieux et de la terre, quand ils furent créés (Gn 1.31 à 2.3). »*

Ce texte apparaît comme une parfaite continuité : la Création eut lieu en sept jours, le dernier étant celui du repos.

Pourtant, dans nos Bibles, il y a un passage de chapitres assez étrange. L'auteur de cette scission a sans doute voulu souligner la réalisation de la Création en six jours par rapport au septième qui fut celui du repos de l'Eternel.

En réalité, la logique aurait plutôt conservé une continuité sur les sept jours. Si subdivision il devait avoir, elle eût été plus opportune à partir du verset 4 du second chapitre. Pourquoi ? Parce que nous voyons une formule de liaisons qui montre deux parties distinctes dans le récit :

« Voici les origines des cieux et de la terre, quand ils furent créés. <u>Lorsque</u> l'Éternel Dieu fit une terre et des cieux, aucun arbuste des champs n'était encore sur la terre, et aucune herbe des champs ne germait encore: car l'Éternel Dieu n'avait pas fait pleuvoir sur la terre, et il n'y avait point d'homme pour cultiver le sol (Gn 2.4-5). »

- *« Et chacun s'en retourna dans sa maison. Jésus se rendit à la montagne des oliviers (Jn 7.53 à 8.1). »*

Quel illogisme ! Lorsque nous prenons la peine de lire la suite du récit, cela saute aux yeux que le premier verset du chapitre 8 devrait être le cinquante-quatrième du précédent.

« <u>Mais</u>, dès le matin, il alla de nouveau dans le temple, et tout le peuple vint à lui. S'étant assis, il les enseignait (Jn 8.2). »

Pourquoi maintenir de telles erreurs ? La raison en est simple : depuis des dizaines d'années, les concordances et livres d'études se sont attardés à analyser la Parole en utilisant le principe des renvois vers d'autres passages afin de clarifier ou d'authentifier leurs conclusions. Ce processus est indispensable.

Si une nouvelle répartition des versets et des chapitres devait un jour apparaître, tous les ouvrages actuels seraient automatiquement obsolètes, ce que personne ne peut se permettre.

De ce fait, le lecteur attentif utilisera la structure comme support, mais jamais comme vérité. Une étude digne de ce nom convient de se rapprocher le mieux possible de l'original, soit, je le rappelle, un texte continu sans chapitres ni divisions artificielles.

A chaque fin de chapitre, prenons la peine de lire le début du suivant afin de vérifier si la découpe est valable.

Dans le même ordre d'idée, ne tenons pas compte des titres ajoutés avant d'être convaincus de leur bien-fondé.

F. <u>Inspiration et Révélation</u> :

La Bible est bien plus qu'un livre d'histoires, tantôt poignantes, tantôt dramatiques : c'est une véritable révélation de Dieu transmise par des serviteurs inspirés afin de nous amener à connaître la Personne de Dieu et Son dessein pour l'homme.

> *« Toute Écriture est inspirée de Dieu, et utile pour enseigner, pour convaincre, pour corriger, pour instruire dans la justice, afin que l'homme de Dieu soit accompli et propre à toute bonne œuvre (2 Tm 3.16). »*

Par cette affirmation sans équivoque, nous affirmons que rien dans la Bible, telle qu'elle a été unanimement limitées à 66 livres n'a été écrit selon la pensée de l'homme. Certes, les styles diffèrent parce que les auteurs sont issus de bien des horizons divers, que leurs instructions, vécus et conditions étaient à ce point éloignés que certains n'ont qu'un seul point commun entre eux au moment de témoigner de ce qu'ils ont reçu : la Révélation de Dieu.

> *« ... car ce n'est pas par une volonté d'homme qu'une prophétie a jamais été apportée, mais c'est poussés par le Saint-Esprit que des hommes ont parlé de la part de Dieu (2 P 1.21). »*

Pierre nous résume parfaitement le principe : toute parole venant de Dieu nous arrive par l'onction du Saint Esprit sur la personne choisie.

C'est pour cela que nous voyons souvent des affirmations telles que :

- *« L'esprit de l'Éternel parle par moi, et sa parole est sur ma langue (2 S 23.2). »*

   Samuel confirme l'onction de l'Esprit qui, ainsi, l'utilise pour parler.

- *« Puis l'Éternel étendit sa main, et toucha ma bouche; et l'Éternel me dit: Voici, je mets mes paroles dans ta bouche (Jr 1.9). »*

Jérémie témoigne que l'Eternel touche sa bouche pour y placer Ses paroles.

- « *Que j'écrive pour lui toutes les ordonnances de ma loi, Elles sont regardées comme quelque chose d'étranger (Os 8.12).* »

L'auteur reconnu des livres du Pentateuque est Moïse. Pourtant Dieu Se les approprie.

- « *Tu leur diras mes paroles, qu'ils écoutent ou qu'ils n'écoutent pas, car ce sont des rebelles (Ez 2.7).* »

Ezéchiel reçoit des instructions à répéter.

Tous ses exemples relevés dans l'Ancien Testament ne doivent pas nous faire oublier que les textes de la Nouvelle Alliance ont la même valeur.

- « *Après avoir autrefois, à plusieurs reprises et de plusieurs manières, parlé à nos pères par les prophètes, Dieu, dans ces derniers temps, nous a parlé par le Fils, qu'il a établi héritier de toutes choses, par lequel il a aussi créé le monde, et qui, étant le reflet de sa gloire et l'empreinte de sa personne, et soutenant toutes choses par sa parole puissante, a fait la purification des péchés et s'est assis à la droite de la majesté divine dans les lieux très hauts,… (Hb 1.1-3).* »

Ce passage agrée la Puissance de la Parole faite chair, Jésus (Jn 1.1-2). Il confirme que Dieu a parlé au travers de Ses prophètes avant de le faire par Son Fils, ce qui donne aux récits le concernant une valeur particulière, au moins équivalente aux Ecritures.

- « *Croyez que la patience de notre Seigneur est votre salut, comme notre bien-aimé frère Paul vous l'a aussi écrit, selon la sagesse qui lui a été donnée. C'est ce qu'il fait dans toutes les lettres, où il parle de ces choses, dans lesquelles il y a des points difficiles à comprendre, dont les personnes ignorantes et mal affermies tordent le sens, comme celui des autres Écritures, pour leur propre ruine (2 P 3.15-16). »*

Dans ces versets, Pierre atteste implicitement que les lettres de Paul sont équivalentes aux Ecritures (Ancien Testament), précisant qu'elles sont empreintes de sagesse (attribut de Dieu) et parlant de points difficiles à comprendre (révélations). De mauvais exégètes les « traduisent » mal comme c'est le cas des Ecrits sacrés.

Il ne fait donc aucun doute que la Bible en son entier, et elle seule, est, par-dessus tout, l'autorité suprême exprimée par Dieu au travers de certains serviteurs oints de Son Esprit et parlant en Son nom.

G. Conclusion :

La Bible a ceci de merveilleux que les hommes, parfois aux opinions diamétralement opposées, sont arrivés à un consensus durable au travers des siècles. Jamais aucun autre exemple aussi important ne pourra être donné.

Les 66 livres reconnus par tous sont l'Outil par excellence de chaque chrétien. Son utilisation ne devrait jamais être galvaudée car nous ne risquons aucune overdose. Que du contraire, plus nous y plongerons sérieusement, plus nous grandirons spirituellement, si du moins nous mettons en pratique les révélations reçues.

Evitons de polémiquer sur des mots ou des livres complémentaires. Nous, protestants, reconnaissons que les 7 livres deutérocanoniques de nos amis catholiques nous apportent un certain éclairage sur une période creuse de la Parole notamment, sans toutefois perdre de vue la précarité de leur authenticité.

Enfin, prenons la précaution de faire fi des découpes aléatoires parfois téméraires en chapitres et versets de nos illustres prédécesseurs.

4. **Des termes de l'étude de la Bible :**

De nombreux termes parfois à connotations « barbares » sont utilisés par les érudits concernant l'abord de l'étude de la Parole de Dieu et de son contenu.

Nous ne nous attarderons pas à ce type de vocables « intelligents » parce que la Bible est écrite pour tous, et non pour des élites.

Or, parler en termes compliqués pour déterminer les choses de Dieu, c'est risquer de tomber dans le travers matérialiste qui aime à intellectualiser toutes choses et ainsi faire naître des complexes de supériorité ou d'infériorité, jusqu'à parfois garder un certain pouvoir malsain sur d'autres.

Evidemment, nous devons au moins savoir que ces mots existent afin de ne point se trouver bloqués par ignorance.

Nous allons donc en relever quelques-uns pour mémoire :

- Apostasie : abandon de la foi.

- Apologie ou apologétique : étude de l'autorité de la Bible et, par conséquent, défense de la foi.

- Basse critique : traduction la plus littérale possible sur base des textes originaux, même fragmentaires.

- Canon : liste des livres bibliques reconnus comme sacrés par l'Eglise.

- Christologie : étude de la personne de Jésus-Christ.

- Doctrine : ensemble des enseignements et des principes liés à la Parole.

- Dogmatique ou théologie systémique : définition précise des points de doctrines bibliques arrêtées comme vérités à partir des Ecritures et par rapport à d'autres.

- Doxologie : mise en évidence de la gloire de Dieu.

- Eschatologie : étude de la fin des temps.

- Exégèse : étude détaillée des textes.

- Généalogie : liste chronologique des ascendants et, ou, descendants d'une personne.

- Gentils : païens selon le point de vue des Juifs.

- Haute critique : étude des origines et circonstances des divers écrits bibliques.

- Herméneutique : ensemble des principes régissant l'interprétation biblique.

- Interprétation : art et science permettant de donner la signification des textes bibliques, soit l'herméneutique et l'exégèse.

- Intertestamentaire : livres rédigés entre la fin de l'Ancien Testament et le début du Nouveau.

- Néotestamentaire : concerne le Nouveau Testament.

- Parousie (ou avènement) : retour de Jésus-Christ à la fin des temps.

- Pneumatologie : étude de la personne de l'Esprit Saint.

- Pseudépigraphe : nom de l'auteur d'un livre attribué faussement.

- Sotériologie : approfondissement de la connaissance du salut.

- Théologie biblique : étude des développements historiques des doctrines de Dieu.

- Vétérotestamentaire : concerne l'Ancien Testament.

- ...

5. **Conclusion :**

Cette première partie avait pour but de nous faire comprendre que les versions de la Bible dont nous disposons ne nous sont parvenues qu'à la suite de longs parcours épiques. Le sérieux avec lequel le travail de transmission a été réalisé renforce, si besoin en est, la valeur spirituelle essentielle de la Parole révélée et inspirée.

Cela ne nous dédouane pas d'effectuer nos propres recherches et méditations quotidiennes car nul ne peut prétendre connaître complètement et profondément tous les éléments que Dieu nous apporte au travers des Ecritures.

La suite consistera à comprendre le lien existant entre les deux Testaments.

Figure 1 : Contenu de l'Ancien Testament

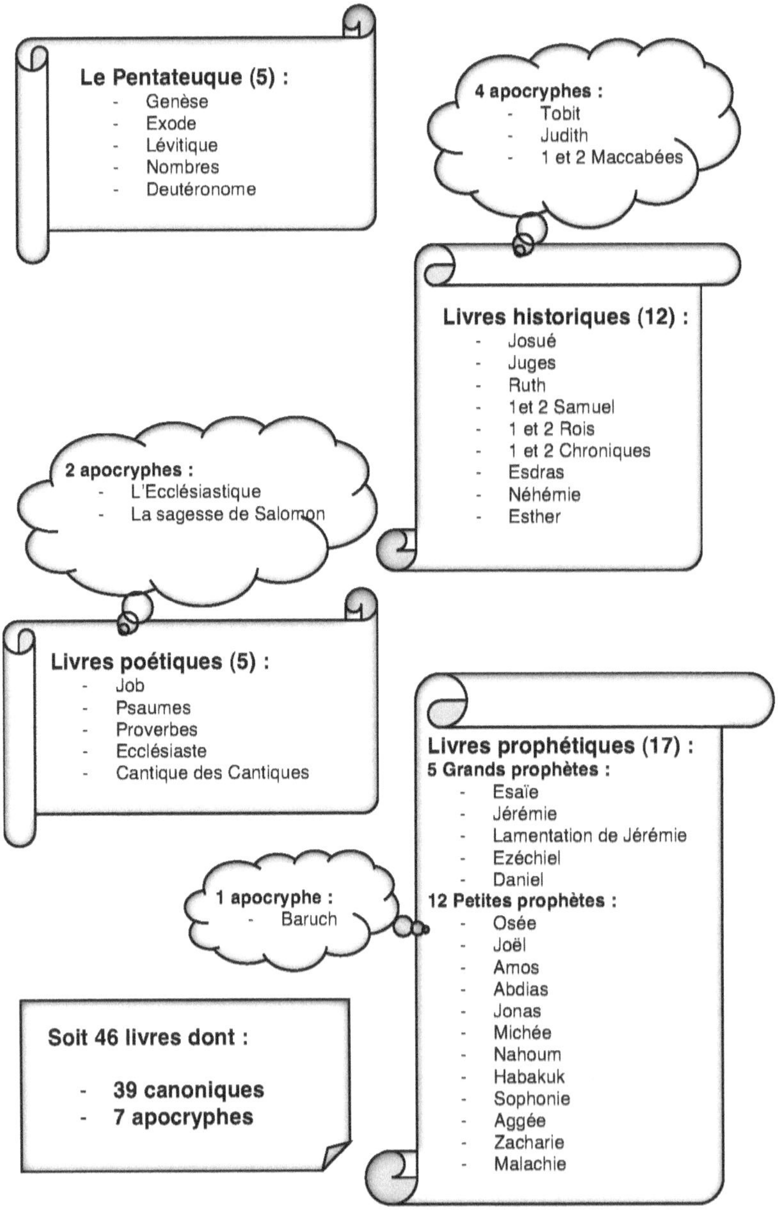

Le Pentateuque (5) :
- Genèse
- Exode
- Lévitique
- Nombres
- Deutéronome

4 apocryphes :
- Tobit
- Judith
- 1 et 2 Maccabées

Livres historiques (12) :
- Josué
- Juges
- Ruth
- 1 et 2 Samuel
- 1 et 2 Rois
- 1 et 2 Chroniques
- Esdras
- Néhémie
- Esther

2 apocryphes :
- L'Ecclésiastique
- La sagesse de Salomon

Livres poétiques (5) :
- Job
- Psaumes
- Proverbes
- Ecclésiaste
- Cantique des Cantiques

1 apocryphe :
- Baruch

Livres prophétiques (17) :
5 Grands prophètes :
- Esaïe
- Jérémie
- Lamentation de Jérémie
- Ezéchiel
- Daniel

12 Petites prophètes :
- Osée
- Joël
- Amos
- Abdias
- Jonas
- Michée
- Nahoum
- Habakuk
- Sophonie
- Aggée
- Zacharie
- Malachie

Soit 46 livres dont :
- **39 canoniques**
- **7 apocryphes**

Figure 2 : Contenu du Nouveau Testament

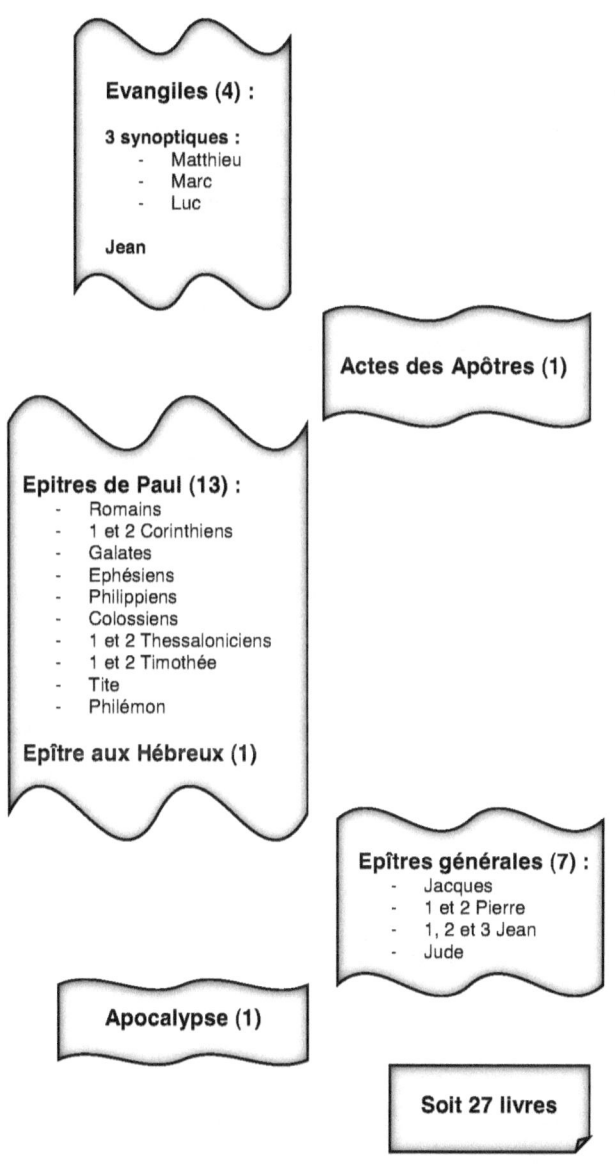

Chapitre 2 : Traits d'union entre les deux Testaments.

S'il n'existait aucun lien spirituel fort entre l'Ancien et le Nouveau Testament, nous serions en présence d'incohérences évidentes :

- Soit, nous serions tels des Juifs traditionalistes et encore sous la Loi, ne reconnaissant que la valeur des Ecritures anciennes.

- Soit, nous serions incapables de comprendre la Nouvelle Alliance puisque les références à la première sont plus que régulières.

En fait, les deux parties savamment dosées sont indispensables l'une à l'autre pour que le chrétien né de nouveau puisse recevoir la portée totale de la révélation de Dieu.

« Ne croyez pas que je sois venu pour abolir la loi ou les prophètes; je suis venu non pour abolir, mais pour accomplir (Mt 5.17). »

C'est pour cela que Jésus a affirmé lui-même qu'Il était venu accomplir la Loi et les Prophètes. Il n'a jamais été question pour Lui d'enlever la portée spirituelle des Livres Sacrés de Ses précurseurs inspirés.

1. Jésus-Christ, thème principal de toute l'Ecriture :

S'il y a un point commun à toute la Parole, c'est Christ. Il fait partie de tout le plan établi par le Père pour amener l'être humain à la vie éternelle.

A. Des versets qui confirment ce fait :

« Et, commençant par Moïse et par tous les prophètes, il leur expliqua dans toutes les Écritures ce qui le concernait (Lc 24.27). »

« Puis il leur dit: C'est là ce que je vous disais lorsque j'étais encore avec vous, qu'il fallait que s'accomplît tout ce qui est écrit de moi dans la loi de Moïse, dans les prophètes, et dans les psaumes (Lc 24.44). »

« Vous sondez les Écritures, parce que vous pensez avoir en elles la vie éternelle: ce sont elles qui rendent témoignage de moi. Et vous ne voulez pas venir à moi pour avoir la vie (Jn 5.39-40) ! »

Qui mieux que Jésus aurait pu amener une telle confirmation : le contenu tout entier de l'Ancien Testament le concerne au premier plan.

« Tous les prophètes rendent de lui le témoignage que quiconque croit en lui reçoit par son nom le pardon des péchés (Ac 10.43). »

Dans le livre des actes, Luc ne fait que confirmer la transcription qu'il a faite dans son Evangile en y ajoutant que toutes les prophéties anciennes amenaient à un seul objectif : la foi en Christ offre le salut.

« Généalogie de Jésus-Christ, fils de David, fils d'Abraham (Mt 1.1). »

Les Ecritures ne sont pas seulement une annonce du salut par la foi, mais aussi la confirmation que Jésus descend en droite ligne des patriarches de la première alliance, comme cela était écrit avant que toute chose existât.

Il faut donc souligner que selon ce qui précède, les Ecritures amènent progressivement à comprendre que seul un Nouvel Adam pourra sauver l'homme de la mort dans le cadre des livres antérieurs à la venue de Jésus.

Ensuite, c'est cette arrivée messianique que nous partageons dans ce que l'on appelle la Bonne Nouvelle, les Evangiles.

> *« Au commencement était la Parole, et la Parole était avec Dieu, et la Parole était Dieu (Jn 1.1). »*

> *« Philippe rencontra Nathanaël, et lui dit: Nous avons trouvé celui de qui Moïse a écrit dans la loi et dont les prophètes ont parlé, Jésus de Nazareth, fils de Joseph (Jn 1.45) ».*

Ce verset résume bien ce que nous venons de découvrir puisque Moïse a écrit le Pentateuque, recueil des cinq premiers livres de la Bible. Jean complète en insistant sur la présence de la Parole lors de la création.

Le Nouveau Testament est l'apothéose d'une attente longue et pénible pour des centaines de générations de Juifs. Tous les rituels sacrificiels n'étaient que l'annonce du don de sa vie pour nos péchés par le plus grand Sacrificateur et les royautés successives n'ajoutaient qu'au désir insatisfait de connaître le Souverain suprême, juste et équitable.

Les prophètes étaient aussi limités dans leurs prérogatives, guidant simplement le peuple en attente de l'Envoyé de Dieu.

Il est encore intéressant de noter que de nombreuses prophéties tournent autour du Messie, prouvant avec brio la continuité entre les deux parties de l'Ecriture.

B. Des thèmes semblables :

De très nombreux thèmes de l'Ancien Testament trouvent leurs corollaires dans le Nouveau Testament. A titre d'exemples très limités, nous comparerons

- La Pierre angulaire : « *C'est pourquoi ainsi parle le Seigneur, l'Éternel : Voici, j'ai mis pour fondement en Sion une pierre, une pierre éprouvée, une pierre angulaire de prix, solidement posée; Celui qui la prendra pour appui n'aura point hâte de fuir (Es 28.16).* »

    et « *Car personne ne peut poser un autre fondement que celui qui a été posé, savoir Jésus-Christ (1 Co 3.11).* », ou, « *Approchez-vous de lui, pierre vivante, rejetée par les hommes, mais choisie et précieuse devant Dieu; et vous-mêmes, comme des pierres vivantes, édifiez-vous pour former une maison spirituelle, un saint sacerdoce, afin d'offrir des victimes spirituelles, agréables à Dieu par Jésus-Christ (1 P 2.4-6).* »

- L'agneau : « *Il a été maltraité et opprimé, et il n'a point ouvert la bouche, semblable à un agneau qu'on mène à la boucherie, à une brebis muette devant ceux qui la tondent ; il n'a point ouvert la bouche (Es 53.7).* »

    et « *Le lendemain, il vit Jésus venant à lui, et il dit: Voici l'Agneau de Dieu, qui ôte le péché du monde (Jn 1.29).* »

- L'Envoyé : « *L'esprit du Seigneur, l'Éternel, est sur moi, car l'Éternel m'a oint pour porter de bonnes nouvelles aux malheureux; Il m'a envoyé pour guérir ceux qui ont le cœur brisé, pour proclamer aux captifs la liberté, et aux prisonniers la délivrance (Es 61.1).* »

et « *L'Esprit du Seigneur est sur moi, parce qu'il m'a oint pour annoncer une bonne nouvelle aux pauvres ; Il m'a envoyé pour guérir ceux qui ont le cœur brisé, Pour proclamer aux captifs la délivrance, et aux aveugles le recouvrement de la vue, pour renvoyer libres les opprimés, pour publier une année de grâce du Seigneur. Ensuite, il roula le livre, le remit au serviteur, et s'assit. Tous ceux qui se trouvaient dans la synagogue avaient les regards fixés sur lui (Lc 4.18-21).* »

Bien d'autres références peuvent être ainsi énoncées, prouvant à souhait la réelle complicité biblique entre chaque Livre.

C. Des Prophéties de l'Ancien Testament sur Jésus accomplies dans le Nouveau :

Un simple tour d'horizon suffit à défini le lien entre les annonces prophétiques de l'Ancien Testament et les résultats probants dans le Nouveau.

Tableau 3 : Prophéties sur Jésus

Sujets	Prophéties	Réalisations
Ascension	Ps 68.18	Lc 24.50-51 ; Ac 1.9
Champ du potier	Za 11.13	Mt 27.3-10
Crucifié avec les brigands	Es 53.12	Mt 27.38 ; Mc 15.27-28 ; Lc 23.33
Descendant d'Abraham, Isaac et Jacob	Gn 12 .3 ; 17.19 ; 18.8 ; 28.14 ; Nb 24.17	Mt 1.1-2 ; Lc 3.34 ; Ac 3.25
Enseveli parmi les nantis	Es 53.9	Mt 27.57-60
Entrée triomphale	Es 62.11 ; Za 9.9	Mt 21.1-11 ; Mc 11.1-11 ; Jn 12.12-14
Faux témoins	Ps 27.12	Mt 26.60-61
Frappé et couvert de crachats	Es 50.6	Mc 14.65 ; 15.17 ; Jn 18.22 ; 19.1-3
Fuite en Egypte	Os 11.1	Mt 2.14-15
Haï sans raison	Ps 69.5 ; 109.3-5	Jn 15.23-25

Prière pour ses oppresseurs	Ps 109.4	Lc 23.34
Percé	Ps 22.17 ; Za 12.10	Jn 19.34, 37 ; 20.25-27
Libérateur	Es 61.1-3	Lc 4.16-20
Lignée de Melchisédek	Ps 110.4	He 5.5-6 ; 6.20 ; 7.15-17
Massacre des nouveaux-nés	Jr 31.15	Mt 2.16-18
Messager annonçant Sa venue	Mi 3.1	Lc 3.15-18 ; 7.24-27
Descendu de Juda	Gn 49.10	Mt 1.2-3 ; Lc 3.33
Héritier de David	Es 9.6 ; 11.1-5 ; 2 S 7.13	Mt 1.1, 6
Ministère en Galilée	Es 8.23 à 9.1	Mt 4.12-16
Moment de sa naissance	Dn 9.25	Lc 2.1-2, 3-7
Né à Bethléem	Mi 5.1	Mt 2.1 ; Lc 2.4-7
Né d'une vierge	Es 7.14	Mt 1.18-25 ; Lc 1.26-35
Reçu du vinaigre	Ps 69.22	Mt 27.34, 48 ; Jn 19.29
Raillé dans la détresse	Ps 22.7-9	Mt 27.39-44 ; Mc 15.19-32 ; Lc 23.34-35
Prophète	Dt 18.15	Jn 1.45 ; 6.14 ; Ac 3.19-26
Qualités de Jésus	Ps 45.7 ; Es 11.2-4	Lc 2.52 ; 4.18
Rejeté par les siens	Es 53.3	Lc 4.29 ; 17.25 ; 23.13-25 ; Jn 1.10-11 ; 5.43
Remplacement de Juda	Ps 109.7-8	Ac 1.16-20
Résurrection	Ps 16.10 ; 49.16	Mt 28.9 ; Mc 16.6-7 Lc 24.36-48 ; 1 Co 15.16-19
Silencieux dans la souffrance	Ps 38.13-14 ; Es 53.7	Mt 26.62-63 ; 27.12-14 ; Mc 15.3-5
Ses os non brisés	Ex 12.46 ; Ps 34.21	Jn 19.32-33, 36
Ses vêtements partagés au sort	Ps 22.19	Mt 27.35 ; Mc 15.24 ; Jn 19.24
Souffrance pour les autres	Es 53.4-5	Mt 8.16-17 ; Rm 4.25 ; 5.6-8 ; 1 Co 15.3
Trahison	Ps 41.10	Mt 26.14-16 ; Mc 14.10, 43-45
Vendu pour 30 pièces	Za 11.12-13	Mt 26.15 ; 27.3-10

Avec de telles concordances, il ne fait plus aucun doute que le lien central de la Bible est bien Jésus-Christ.

D. Une particularité : Moïse et Jésus :

C'est intéressant de constater un parallèle entre les personnes de Moïse et de Jésus.

<u>Tableau 4</u> : Moïse et Jésus

Point commun	Moïse	Jésus
Sauvegardés enfants	Ex 2.2-10	Mt 2.14-15
Lutte contre le malin	Ex 7.11	Mt 4.1
Jeûne de quarante jours	Ex 34.28	Mt 4.2
Domination des eaux	Ex 14.21	Mt 8.26
Nourriture pour le peuple	Ex 16.15	Mt 14.20-21
Visage irradiant	Ex 34.35	Mt 17.2
Médisances contre eux	Ex 15.24	Mc 7.2
Rejetés des leurs	Nb 12.1	Jn 7.5
Intercesseurs puissants	Ex 32.32	Jn 17.9
Prophètes de Dieu	Dt 18.18	Jn 1.45
70 disciples	Nb 11.16-17	Lc 10.1
Des actes de souvenir institués	Ex 12.14	Lc 22.19
Apparus après leur décès	Mt 17.3	Ac 1.3

Soulignons encore le principe du « passage », Moïse symbolisant celui de l'esclavage à la liberté du peuple élu et Christ celui de la mort à la vie des chrétiens.

2. Une continuité parfaite :

> *« Dieu, sans tenir compte des temps d'ignorance, annonce maintenant à tous les hommes, en tous lieux, qu'ils aient à se repentir (Ac 17.30). »*
> *« Après avoir autrefois, à plusieurs reprises et de plusieurs manières, parlé à nos pères par les prophètes, Dieu, dans ces*

derniers temps, nous a parlé par le Fils, qu'il a établi héritier de toutes choses, par lequel il a aussi créé le monde (Hb 1.1-2). »

Le lien entre les deux Testaments étant acquis, il y a lieu de comprendre que le plan parfait de Dieu pour l'humanité s'inscrit également dans une continuité de révélations successives de plus en plus complètes. Il y a plusieurs manières d'aborder cette façon de voir ; nous en retiendrons deux : les « mystères » de Paul et le découpage en périodes distinctes.

A. Les mystères de Paul ou dispensations :

« Je me réjouis maintenant dans mes souffrances pour vous; et ce qui manque aux souffrances de Christ, je l'achève en ma chair, pour son corps, qui est l'Église. C'est d'elle que j'ai été fait ministre, selon la charge que Dieu m'a donnée auprès de vous, afin que j'annonçasse pleinement la parole de Dieu, le mystère caché de tout temps et dans tous les âges, mais révélé maintenant à ses saints (Co 1.25-26). »

« C'est par révélation que j'ai eu connaissance du mystère sur lequel je viens d'écrire en peu de mots (Ep 3.3). »

« ... nous faisant connaître le mystère de sa volonté, selon le bienveillant dessein qu'il avait formé en lui-même, pour le mettre à exécution lorsque les temps seraient accomplis, de réunir toutes choses en Christ, celles qui sont dans les cieux et celles qui sont sur la terre (Ep 1.9-10). »

Dans deux de ses épîtres, Paul relève ces trois « mystères » : un passé, le plan de Dieu pour Son peuple élu, un présent, celui de l'Eglise et un futur.

Sur la base de ces trois révélations, les théologiens ont tenté de cerner avec plus de précision les diverses évolutions. C'est ainsi qu'est né le terme de « dispensation » qui représente une époque spécifique de l'histoire biblique. Chacune d'entre elle commence au moment précis où la précédente s'achève avec la particularité de bien débuter pour aboutir à un échec, sauf pour la dernière.

Lorsque nous étudions un passage biblique, n'oublions pas de le situer dans son contexte car ce qui n'a pas été révélé ne saurait être connu de l'auteur.

La plupart des érudits divisent l'histoire de l'humanité biblique en 7 périodes : malheureusement, tout le monde ne s'accorde pas sur celles-ci.

Nous opterons donc pour établir trois périodes principales correspondant aux mystères de Paul, subdivisées en sous-groupes les plus précis possibles incluant en fait la quasi-totalité des diverses théories.

a. Le mystère passé :

En toute logique, nous le ferons débuter au premier livre de la Bible, dès le premier verset, pour aboutir, par étapes successives au mystère présent.

<u>La dispensation de la conscience :</u>

- Dispensation de l'innocence ou édénique (Gn 1.1 à 3.24) :

L'homme a été placé dans un paradis terrestre, le jardin d'Eden, par Dieu. Il y vit en toute quiétude, n'ayant qu'une seule instruction à respecter : ne pas manger du fruit de l'arbre de la connaissance du bien et du mal. Il ignore donc ce qu'est le mal, ce qui justifie pourquoi il est innocent.
Malheureusement, l'épreuve est au-dessus de ses forces : il succombe et est chassé d'Eden.

- Dispensation de la conscience (Gn 4.1 à 8.14) :

Comme nous venons de le voir, l'Eternel tient l'homme pour responsable du fait qu'il ait succombé à son envie de connaître le bien et le mal. La notion de sacrifice devient une norme afin de rétablir la communion avec Dieu.

Une seconde fois, l'homme échoue, s'adonnant aux plaisirs terrestres plutôt qu'au service à Dieu : la conséquence connue est une destruction quasi-totale de la race humaine suite au déluge.

- Dispensation du gouvernement humain (Gn 8.15 à 11.9) :

Dieu a décidé de confier à l'homme le gouvernement de la terre après le déluge. Cette initiative met en exergue l'orgueil de celui-ci qui cru pouvoir défier son Créateur en construisant une tour immense : le résultat fut la dispersion de la race.

(Il est à remarquer que certains estiment cette dispensation de gouvernance encore bien actuelle puisqu'ils considèrent qu'elle ne s'achèvera qu'au retour de Christ. Dans ce cas nous pensons que la continuité parfaite de la Parole serait rompue).

La dispensation de la Loi :

- Dispensation de la Promesse (Gn 12.1 à Ex 19.8) :

Celle-ci concerne principalement la nation juive en devenir, puisqu'elle commence avec Abraham pour s'achever au moment de la réception des tables de la Loi.

Une nouvelle ère s'ouvre puisque Dieu signe une alliance qui entraînera une race particulière, appelée élue, dans une aventure extraordinaire qui ne prendra fin qu'après la dispensation de la grâce.

(Une autre manière d'aborder les Ecritures sous cette forme est de regrouper les dispensations de la conscience, du gouvernement de l'homme et de la promesse en une seule appelée alors patriarcale. Notons également que des exégètes estiment que le mystère passé de Paul débute en réalité à ce moment précis, à la réception de la Loi).

- Dispensation de la Loi (Ex 20 à Ac 2) :

Le peuple élu s'est placé sous la Loi de Dieu. La conséquence est que nous parlons de péchés lorsque celle-ci est transgressée. C'est donc une alliance axée sur les œuvres.

Les règles en vigueur sont de trois types : sacerdotales, civiles et morales et concernent uniquement Israël. Les autres civilisations n'interviennent que comme instrument de punition ou de bénédiction pour les Juifs.

b. Le mystère présent :

Il s'agit en fait de la dispensation de la grâce (à partir d'Ac 2) ou l'âge de l'Eglise.

A partir de ce moment, le salut est offert par le biais du sacrifice de Jésus-Christ. Les œuvres ne sont plus qu'une conséquence de la foi.

Cette nouvelle alliance est pour tous, Juifs et Gentils : plus aucune distinction n'est faite.

Les membres forment le corps de Christ.

Cette ère chrétienne ne prendra fin qu'à l'enlèvement de l'Eglise.

c. Le mystère futur :

- Dispensation du jugement (Ap 4 à 19) :

Nous retrouvons le peuple d'Israël qui se trouve sous le jugement, soit la fin de la Loi et se voit enfin délivré de ses ennemis. Les païens sont également concernés, mais pas l'Eglise.

(Pour certains, la dispensation de la grâce inclut l'apostasie et le jugement).

- Dispensation du Millénium (Ap 20) ou du Royaume terrestre de Christ :

C'est la fameuse période de mille ans durant laquelle l'humanité sera gérée directement par le Seigneur, avec justice, puissance et gloire.

- Dispensation éternelle (Ap 21 et 22) :

De nouveaux cieux et une nouvelle terre en sont le début. Comme son nom l'indique, elle ne connaîtra pas de fin.

(Cette période n'est pas reprise par tous, car incluse dans la dispensation du Royaume. Pour d'autres encore, la dispensation de la grâce comprend toutes celles qui suivent).

B. Les périodes (chronologie) :

Cette manière d'approcher la Bible est tout aussi pertinente que la précédente. Le choix des armes est laissé à l'exégète.

En fait, l'étude se répartit sur treize épisodes successifs, les dates de transition étant indicatives :

1ᵉʳ épisode : La Création (Gn 1 à 11).

2ᵉᵐᵉ : Les Patriarches (Gn 12 à 50 et Job ; environ 2500 acn ?).

3ᵉᵐᵉ : L'Exode d'Egypte (Ex, Lv, Nb et Dt ; Exode débutant sans doute en 1280 acn ?).

4ᵉᵐᵉ : La Conquête de Canaan (Jos ; début en 1240 acn ?).

5ᵉᵐᵉ : Les Juges (Jg, Ruth et 1 S 1 à 7 ; à partir de 1220 acn ?).

6ᵉᵐᵉ : Le Royaume d'Israël unifié (1 S 8 à 31 ; 2 S ; 1 R 1-11 ; 1 Chr ; 2 Chr 1 à 9 ; Ps ; Pr ; Ecc ; Cantique des cantiques ; dès 1050 acn ?).

7ᵉᵐᵉ : Le Royaume divisé entre Juda et les autres tribus (1 R 18 à 22 ; 2 R 1-17 ; 2 Chr 10 à 36 ; Abd ; Joël ; Jon ; Os ; Mi ; Es ; Nah ; Soph ; Hab ; Jér ; Lm ; division dès 930 acn ?).

8ᵉᵐᵉ : La Captivité de Juda à Babylone (Ps 126 ; 137 ; Ez ; Dn ; en 597 acn ?).

9ᵉᵐᵉ : Le Retour à Jérusalem (Esd ; Néh ; Est ; Ag ; Za ; Ma ; enclenché vers 538 acn ?)

10ᵉᵐᵉ : L'Evangile (Mt ; Mc ; Lc ; Jn)

11ᵉᵐᵉ : L'Eglise primitive (Ac ; + 30 pcn ?)

12ᵉᵐᵉ Les Echanges entre communautés et ministères par les Epîtres (Rm à 3 Jn ; + 50 pcn ?)

13ᵉᵐᵉ : Les Temps de la fin (Ap ; + 95 pcn ?)

C. Conclusion :

Il est important de se rendre compte que l'ordre des livres dont nous disposons ne correspond pas à la chronologie historique. En fait, la succession des révélations ne s'apprécie pleinement que de nos jours, parce que nous disposons de la plupart des clés pour les comprendre.

A nous de placer celles-ci dans les bonnes serrures afin d'être suffisamment éclairés.

3. Un silence de 400 ans :

Selon le canon accepté de tous (les 66 livres), un silence de 4 siècles sépare les deux Testaments.

En effet, le dernier prophète reconnu par les Juifs, Malachie, vécut au mieux jusqu'à cette époque : il eut la lourde tâche d'encourager le peuple élu à attendre le Jour du Seigneur (Ma 3.19-24).

Le suivant sera Jean-Baptiste, révélé dans le Nouveau Testament (Mt 3.1-12).

Ceci ne signifie nullement que la religion juive soit restée inchangée : elle a glissé progressivement vers le judaïsme et s'est dispersée dans l'empire romain, tout en étant bien présente en Israël avec un statut particulier.

Rappelons que durant cette longue transition, certains écrits grecs ont été ajoutés aux Ecritures hébraïques, leur datation approximative relevant de 300 acn à 70 pcn. Leurs dénominations faisaient souvent référence à des auteurs antérieurs, sans doute pour leur donner une crédibilité aux yeux des Juifs. Nous y reviendrons lorsque nous aborderons l'étude de l'Ancien Testament.

4. Ressemblances et contrastes :

Nous avons constaté que les révélations sont une parfaite continuité tout au long des textes sacrés entraînant l'interdépendance des deux parties.

Maintenant, outre le lien principal qui est Christ, nous allons parcourir une série de ressemblances et de contrastes qui ne feront que conforter la volonté d'unité de la Bible toute entière en tant que Parole de Dieu.

A. Le Nouveau est fondé sur l'Ancien :

La Nouvelle Alliance comporte 260 chapitres. Dans pas moins de 240 d'entre eux, nous trouvons au moins une référence à l'Ecriture juive.

Jésus a d'ailleurs commencé et achevé son ministère en citant l'Ecriture :

- « *Jésus répondit: Il est écrit: L'homme ne vivra pas de pain seulement, mais de toute parole qui sort de la bouche de Dieu. Jésus lui dit: Il est aussi écrit: Tu ne tenteras point le Seigneur, ton Dieu. Jésus lui dit: Retire-toi, Satan! Car il est écrit: Tu adoreras le Seigneur, ton Dieu, et tu le serviras lui seul (Mt 4.4, 7, 10).* »

Ces citations se trouvent en Deutéronome (Dt 6.13, 16 ; 8.3).

- « *Et vers la neuvième heure, Jésus s'écria d'une voix forte: Éli, Éli, lama sabachthani? C'est-à-dire: Mon Dieu, mon Dieu, pourquoi m'as-tu abandonné (Mt 27.46) ?* »

Ce sont les termes d'un Psaume (Ps 22.2).

En fait, on estime que les paroles prononcées par Christ sont, pour un dixième d'entre elles, tirées des Ecrits juifs, soit une septantaine provenant de 22 livres différents.

Ainsi, retrancher plus de 700 passages intégrés (dont une partie importante imputée à Christ) au sein des Livres néotestamentaires reviendrait à rendre sans consistance la totalité de leurs enseignements.

Tableau 5 : Citations de l'Ancien Testament

Livres du Nouveau Testament	Nombre de citations de l'Ancien Testament
Matthieu	92
Marc	35
Luc	58
Jean	44
Actes	58
Epîtres de Paul	179
Epîtres de Pierre	31
Apocalypse	243

Si tel était le cas, la première partie de la Bible n'aurait plus aucun sens non plus. En effet, elle trouve sa raison d'être principale dans le fait qu'elle est le point de départ, la préparation et l'annonce de la dispensation de la grâce venue l'accomplir et l'achever. Approfondir la compréhension de ses textes permet de mieux déceler les nombreuses richesses de leur réalisation.

Quelques versets confirment cette réalité indispensable :

- *« Je leur susciterai du milieu de leurs frères un prophète comme toi, je mettrai mes paroles dans sa bouche, et il leur dira tout ce que je lui commanderai (Dt 18.18). »*

- *« Voici, les jours viennent, dit l'Éternel, Où je ferai avec la maison d'Israël et la maison de Juda Une alliance nouvelle, Non comme l'alliance que je traitai avec leurs pères, Le jour où je les saisis par la main Pour les faire sortir du pays d'Égypte, Alliance qu'ils ont violée, Quoique je fusse leur maître, dit l'Éternel (Jr 31.31-32). »*

- « *Dans le temps de ces rois, le Dieu des cieux suscitera un royaume qui ne sera jamais détruit, et qui ne passera point sous la domination d'un autre peuple; il brisera et anéantira tous ces royaumes-là, et lui-même subsistera éternellement (Dn 2.44). »*

- « *Ne croyez pas que je sois venu pour abolir la loi ou les prophètes; je suis venu non pour abolir, mais pour accomplir (Mt 5.17). »*

- « *... car la loi a été donnée par Moïse, la grâce et la vérité sont venues par Jésus-Christ (Jn 1.17). »*

- « *En effet, si la première alliance avait été sans défaut, il n'aurait pas été question de la remplacer par une seconde (Hb 8.7). »*

B. Structures semblables :

L'Ancien et le Nouveau Testaments peuvent être subdivisés en diverses parties semblables :

a. Comparaison sur base de la forme hébraïque :

Nous retrouvons trois subdivisions :

- Pour l'Ancien Testament : la Loi, les Prophètes et les Ecrits.

- Pour le Nouveau Testament : les Evangiles et Actes, les Epîtres et l'Apocalypse.

b. Comparaison selon la structure actuelle :

<u>Nous subdivisons en quatre sections :</u>

- Le fondement de l'alliance : le Pentateuque et les Evangiles.

- L'histoire de l'alliance : les Livres historiques et les Actes.

- Le développement spirituel de l'alliance : Les livres poétiques et les Epîtres

- Le but final de l'alliance : les Livres prophétiques et l'Apocalypse.

<u>Mais nous parlons aussi de cinq groupes parallèles :</u>

- Pour l'Ancien Testament : le Pentateuque, les Livres historiques, les livres poétiques, les Prophètes majeurs, les Prophètes mineurs.

- Pour le Nouveau Testament : les Evangiles, les Actes, les Epîtres pauliennes et Hébreux, les Epîtres générales, l'Apocalypse.

c. Conclusion :

La présentation similaire des Ecritures est certainement une volonté divine.

Toutefois, il ne faut pas en tirer des conclusions trop personnelles car, si la ressemblance de structures existe, le contenu est bien différent.

Nous n'en prendrons comme exemples que la très grande divergence entre le nombre élevé de Livres prophétiques d'un côté, par rapport à un seul de l'autre. Ceci s'explique évidemment par le fait que l'accomplissement de la Loi et des Prophètes arrive à son terme et qu'il ne reste plus qu'à révéler, outre le mystère présent, celui futur, sous la lumière de Christ, à une Eglise dont les membres sont tous habilités à recevoir le Saint Esprit au contraire d'Israël lors de l'Ancienne Alliance.

C. Des contrastes :

Les liens entre les deux parties essentielles de la Bible ne sont pas faits que d'accomplissements ou de similitudes.

Il existe également des contrastes frappants qui valent la peine d'être soulignés :

Tableau 6 : Contractes entre les Testaments

Ancien Testament	Nouveau Testament
17 livres Prophétiques	1 livre Prophétique
Annonce du Messie	Révélation de Christ, Sauveur et Seigneur
Chute	Restauration
Dieu au-dessus de tout (transcendance)	Dieu avec nous (immanence)
Esclavage à cause du péché	Liberté en Christ
La lettre de la Loi écrite	L'Esprit Saint
Le temps	L'éternité
Loi par Moïse	Grâce par Jésus
Mort	Régénérescence, Vie
Pays matériel	Royaume spirituel
Plutôt normatif	Plutôt doctrinal
Postérité d'Adam	Ascendance de Jésus
Promesses	Accomplissements
Œuvres	Fruits de l'Esprit
Rites et sacrifices charnels	Spiritualité personnelle interne

Temples matériels	Temples humains
Ténèbres	Lumière
Un peuple élu	Tout être humain
Attente	Accomplissement
Création	Rédemption
Le début	La fin
Victoire de Satan	Défaite de Satan
Sacrifices de sang	Christ, l'Agneau sacrifié
Eden perdu	Paradis retrouvé
…	…

D. Conclusion :

Aucune approche n'est préférable à une autre en ce qui concerne la comparaison des deux parties de la Bible, mais toutes sont complémentaires.

Ainsi, nous avons montré qu'il serait ridicule, voire dangereux, de rejeter l'une ou l'autre base de travail dans le cadre de l'exégèse sous prétexte d'un public cible particulier ou de prophéties considérées comme accomplies notamment.

Etudions donc toujours l'Ancien Testament à la lumière du Nouveau et vice-versa : ainsi, nous recevrons la pleine Révélation de tous les mystères décrits par Paul.

5. Conclusion du chapitre :

Dans ce chapitre, nous avons abordé un thème essentiel pour une bonne compréhension de la Parole vivante de Dieu : la continuité existe dans le Plan parfait de Dieu, débutant par Genèse et s'achevant à Apocalypse.

Plusieurs façons de le comprendre ont été effleurées, mais le lien le plus puissant n'est autre que Christ qui est annoncé, puis révélé.

Chaque fois que nous abordons la Bible, voyons la comme une entité complète et parfaite qui nous éclaire du début à la fin sur le sort réservé à l'être humain par le Créateur de toutes choses.

Nous éviterons de cette manière des conclusions par trop hâtives et des erreurs doctrinales qui mènent souvent à des disputes de mots stériles) la place de travailler à l'unité du seul corps de Christ.

Chapitre 3 : L'Ancien Testament.

Après nous être rassurés sur la véracité des 66 Livres canoniques et avoir abordé les quelques autres, après une étude historique succincte et l'énumération des principales versions francophones, après l'analyse des traits d'union et de la complémentarité des deux volumes de la Parole, nous allons aborder le survol de chacun d'entre eux, en commençant par la partie la plus ancienne dans ce chapitre.

Nous allons parler de la répartition des divers ouvrages selon une vue logique et non seulement selon l'aspect physique : en effet, par exemple, les Prophètes s'imbriquent normalement dans la Loi et les Livres Historiques alors que la présentation actuelle et antérieure ont tendance à les séparer par style ou par ordre d'importance religieuse.

1. Composition :

Une bonne manière d'élucider les enseignements de l'Ancien Testament est sans doute d'utiliser des tableaux révélant diverses informations de premier ordre.

A. Division du contenu par thèmes :

Déterminer pour chaque livre le ou les thèmes qu'il comporte allège considérablement sa lecture.

a. Signes annonciateurs du peuple élu :

Ce premier schéma correspond aux cinq premiers livres (de Genèse à Deutéronome), soit le Pentateuque, la Loi ou la Torah.

Un certain nombre de faits importants sont à relever :

- La Création : tout est réalisé par Dieu.

- La Chute : l'homme qui bénéficie d'une relation personnelle intense avec l'Eternel est incapable de résister à un seul interdit.

- Le Déluge : l'humanité ne peut gérer cette terre sans vouloir s'élever au-dessus de son Créateur.

- Babel ou le nouvel échec humain.

- L'Appel d'Abram baptisé ensuite Abraham et la promesse divine d'une descendance innombrable.

- Les Patriarches : Abram, Isaac, Jacob (Israël) et Joseph ou comment le Père conduit progressivement Son peuple vers la liberté et la puissance.

- Moïse et l'Exode : la promesse prend forme.

- Le Tabernacle ou la présence de Dieu au milieu des Siens.

- La Loi et la manière de vivre selon le Seigneur.

Cette première étape s'arrête en bordure de la Terre Promise.

b. Histoire de la Nation d'Israël :

Il s'agit de la suite historique des premiers événements : nous les trouvons dans les récits allant de Josué à Esther, soit la totalité des Livres Historiques.

- Conquête du pays promis suivi de l'installation sous l'égide de Josué.

- Gouvernance théocratique assurée par les divers Juges.

- Sous l'insistance de la population, création d'une monarchie semblable aux autres nations : nous y trouvons notamment les récits concernant Saül, David et Salomon. Cette période est empreinte de conséquences liées au comportement des Rois et du peuple, en ce compris la division du pays en deux Royaumes : Israël et Juda.

- Déportations en Assyrie et Babylone.

Nous voyons ainsi comment la réalisation des plans de Dieu est à chaque fois entravée par un comportement inadéquat de Son peuple.

c. Relation de l'Eternel avec Son peuple au point de vue spirituel :

Le territoire n'a pas été offert par le Seigneur pour créer un pays comme les autres. Il désirait vraiment faire de cette région un endroit particulier rempli d'un peuple d'adorateurs, à l'image d'Adam et Eve dans le jardin d'Eden.

C'est pourquoi il est important de s'approcher également de ce point de vue pour ressentir la patience extrême, mais aussi la sévérité, du Créateur envers Ses serviteurs appelés à être Ses ambassadeurs terrestres et à ériger et préserver Son lieu d'habitat permanent, le Temple. Ce sont surtout les Livres poétiques qui nous font découvrir la portée spirituelle, en complément de certains livres Historiques et Deutéronomiques qui tracent les règles et rites imposés et visibles.

- Relation intense, communion au travers de la prière.

- Valeurs de vie dont la Sagesse.

- Persévérance, confiance et récompense vont de pair.

- Les épreuves qui font grandir.

- Conception de Dieu et de Sa Puissance absolue.

- La complexité de la vie.

- L'amour.

- Foi en l'avenir meilleur dans l'obéissance à Dieu.

Cette liste n'est évidemment pas exhaustive, mais elle cherche à attirer notre regard sur des conceptions qui sont toujours bien actuelles, non seulement pour Israël, mais aussi pour l'Eglise, greffée sur ce tronc. La dimension spirituelle au travers de la relation personnelle avec le Père est sans aucun doute la plus importante pour tout prédestiné régénéré.

d. Les Prophéties :

La manière principale choisie par Dieu pour s'adresser à Ses élus, mais aussi à des étrangers, est d'envoyer vers eux des prophètes qui parlent en Son nom, autant pour reprendre que pour exhorter.

Les conséquences annoncées sont toujours suivies des effets prédits : c'est la force même de la prophétie.

Si les 17 Livres prophétiques sont regroupés dans une seule et même structure, cela ne signifie nullement qu'ils ont ainsi été rédigés pour une époque identique et que les divers auteurs étaient les seuls « envoyés de l'Eternel ». Les replacer dans leur contexte nous éclairera sur leur contenu et sur les circonstances de l'époque.

Ainsi, la subdivision en deux groupes, Grands et Petits Prophètes est-elle insuffisante. La répartition suivante nous éclairera mieux :

Israël en tant que nation installée sur la terre promise

- au sujet d'Israël : Osée, Amos, Jonas

- pour Juda : Joël, Esaïe, Michée

- après la déportation d'Israël par les Assyriens, concernant Juda uniquement : Sophonie, Jérémie, Nahoum, Habakuk

Juda en captivité à Babylone

Il faut remarquer qu'Israël, Royaume du Nord, ne recevra plus de prophètes et ne reviendra jamais d'exil. La suite s'adresse donc exclusivement à Juda :

Jérémie, Daniel, Ezéchiel et Abdias.

Au retour en Terre Sainte

Aggée, Zacharie, Malachie.

B. Place des livres dans l'ordre chronologique :

La figure de la page suivante est beaucoup plus parlante lorsque nous cherchons à maîtriser mieux la Parole. En effet, nous savons qu'il y a interpénétration entre les faits historiques, les aspects spirituels et les prophéties.

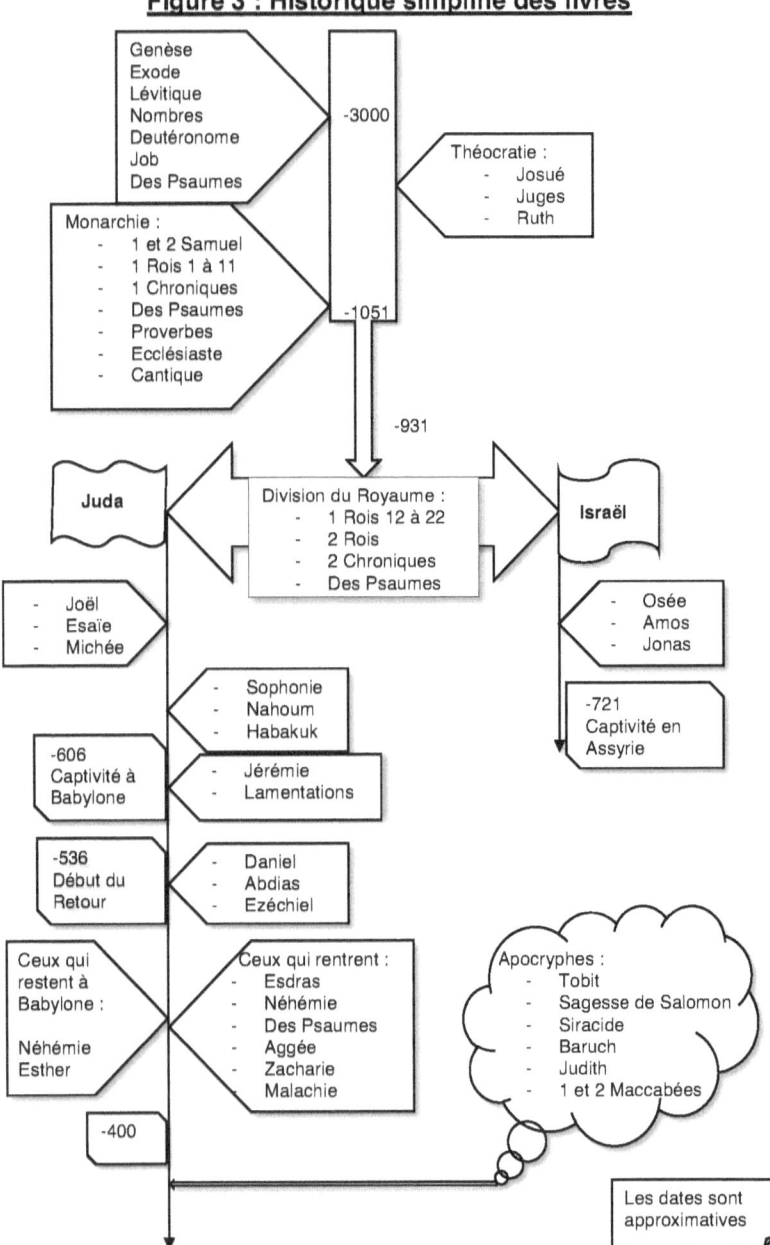

Figure 3 : Historique simplifié des livres

Tableau 7 : Diverses classifications

Bible hébraïque	Septante	Catholique	Protestante
La Loi	Législation et histoire	Le Pentateuque	Le Pentateuque
Au commencement ...	Genèse	Genèse	Genèse
Tels sont les noms ...	Exode	Exode	Exode
Et Yahvé appela Moïse	Lévitique	Lévitique	Lévitique
Dans le désert ...	Nombres	Nombres	Nombres
Telles sont les paroles ...	Deutéronome	Deutéronome	Deutéronome
	Josué		
Les Prophètes	Les Juges	**Livres Historiques**	**Livres Historiques**
	Ruth		
Antérieurs	Les 4 livres des règnes (S et R)	Josué	Josué
Josué	Les 2 Paralipomènes (Chr)	Juges	Juges
Les Juges	(Esdras I)	Ruth	Ruth
Samuel (en 1 livre)	Esdras II (Esd + Néh)	1 et 2 Samuel	1 et 2 Samuel
Les Rois (en 1 livre)	Esther *(+ajouts)*	1 et 2 Rois	1 et 2 Rois
	Judith	1 et 2 Chroniques	1 et 2 Chroniques
Postérieurs	Tobit	Esdras	Esdras
Esaïe	1 et 2 Maccabées	Néhémie	Néhémie
Jérémie	*(3 et 4 Maccabées)*	Tobie	Esther
Ezechiel		Judith	
	Poètes et Prophètes	Esther	

		1 et 2 Maccabées	
Les Douze			
Osée	Les Psaumes		
Joël	(Odes)	**Livres poétiques et sapientaux**	**Livres poétiques et sapientaux**
Amos	Les Proverbes de Salomon		
Abdias	L'Ecclésiaste	Job	Job
Jonas	Le Cantique des Cantiques	Les Psaumes	Les Psaumes
Michée	Job	Les Proverbes	Les Proverbes
Nahoum	*Le livre de la Sagesse*	L'Ecclésiaste	L'Ecclésiaste
Habakuk	*L'Ecclésiastique*	Le Cantique des Cantiques	Le Cantique des Cantiques
Sophonie	**Les douze petits Prophètes**	*Sagesse de Salomon*	
Aggée	Osée	*Ecclésiastique*	
Zacharie	Amos		
Malachie	Michée	**Prophètes**	**Prophètes**
	Joël		
Les Ecrits	Abdias	**6 Grands**	**5 Grands**
	Jonas	Isaïe	Esaïe
Les louanges	Nahoum	Jérémie	Jérémie
Job	Habakuk	Les lamentations	Les lamentations
Les Proverbes	Sophonie	*Le livre de Baruch (+lettre Jérémie)*	Ezéchiel
Ruth	Aggée	Ezéchiel	Daniel
Le Cantique des Cantiques	Zacharie	Daniel *(+ ajouts)*	
Qohélet	Malachie	**12 Petits**	**12 Petits**
Les Lamentations		Osée	Osée
Esther	Isaïe	Joël	Joël
Daniel	Jérémie	Amos	Amos
Esdras – Néhémie (en 1 livre)	*Baruch*	Abdias	Abdias
Les Chroniques (en 1 livre)	Les Lamentations	Jonas	Jonas

	Lettre de Jérémie	Michée	Michée
	Ezéchiel	Nahoum	Nahoum
	Suzanne	Habakuk	Habakuk
	Daniel *(+ ajout)*	Sophonie	Sophonie
	Bel et le dragon	Aggée	Aggée
		Zacharie	Zacharie
		Malachie	Malachie

Avouons que cela bouscule un peu nos conceptions trop souvent radicales concernant la structure biblique. En effet, aucune version ne présente la même organisation et, surtout, chacune regroupe les divers livres de manière thématique et non chronologique.

A titre informatif, nous nous apercevons que certains livres disparaissent au cours du temps. En réalité, plusieurs ont simplement été « absorbés » par d'autres et nous les retrouverons lors des présentations sommaires et d'autres sont des livres uniquement acceptés par certaines obédiences (les Deutérocanoniques), alors que les derniers sont purement et simplement rejetés par les églises occidentales (catholiques et protestantes) même si les églises orthodoxes les ont maintenus.

Notons aussi l'effet de l'action contraire qui a consisté à diviser des tomes en plusieurs livres tels que Esdras et Néhémie ou à baptiser différemment les contenus (comme les 5 livres du Pentateuque qui étaient nommés par le commencement du texte ou les 4 livres des règnes qui devinrent 1 et 2 Samuel et 1 et 2 Rois).

Ce qui importe, c'est la Révélation de Dieu, pas les querelles de classements.

Dorénavant, lorsque nous aborderons une section ou un chapitre, nous serons amenés à non seulement étudier ceux-ci, mais aussi à les mettre en corollaire avec les appels de l'Eternel par l'intermédiaire de Ses envoyés ou les réflexions des serviteurs ayant connu une expérience telle que Salomon l'a décrite dans les Proverbes, l'Ecclésiaste et le Cantique des Cantiques.

C. Dix périodes successives importantes :

La meilleure façon de comprendre l'évolution de la relation de l'homme avec Dieu est de d'abord définir les ères successives de leur histoire.

Ainsi, en regardant la totalité des 39 livres sacrés, nous sommes capables de les découper en dix périodes prioritaires :

a. La Création :

C'est le début de toute chose. Les faits essentiels, outre la création de la terre et de tout ce qui s'y trouve, en ce compris l'homme, sont la chute, le déluge et la destruction de la tour de Babel.

b. Les Patriarches :

Quatre noms résument à eux seuls cette période d'alliance avec le Seigneur : Abraham, Isaac, Jacob et Joseph.

c. Le pays d'Egypte :

Joseph a connu son heure de gloire en cette nation qui utilisait la main d'œuvre juive pour ses constructions pharaoniques.

Moïse est appelé à la lourde tâche de faire sortir le peuple élu de cet esclavage.

d. Le désert et la présence de Dieu :

A partir du moment où Moïse exécute les plans de l'Eternel, le désert sera le long et douloureux apprentissage de l'obéissance aux lois religieuses.

Le voyage est souvent pénible et le serviteur ne pénétrera point dans le pays promis, recevant toutefois le privilège de le voir avant de s'éteindre.

e. La conquête :

Après la mort de Moïse, c'est Josué qui se charge de conquérir le pays et d'y installer tout le peuple par tirage au sort, selon les plans divins.

f. La Théocratie :

Instaurée par Josué, cette manière de gérer avec sagesse et justice sera confiée à des juges successifs.

g. Les Rois :

La gestion selon Dieu perturbe les hommes, même religieux. Les diverses complaintes amènent le Seigneur à accepter le principe de la Royauté qui sera un joug complémentaire plutôt qu'une bénédiction.

h. Division des Royaumes :

La désobéissance de Salomon a pour conséquence que le pouvoir royal fait des envieux au point d'amener la division du Nord et du Sud. Israël ne survivra pas à sa déchéance spirituelle : sa déportation en Assyrie précédera de longtemps l'exil de Juda.

i. La captivité :

L'exemple du frère du Nord ne sera pas suffisant : Juda chute également et est entraînée à Babylone pour une durée de 70 ans.

j. <u>Le retour :</u>

Après un temps douloureux, l'Eternel suscite des serviteurs qui ont à cœur de revenir au pays. C'est chose faite et un silence de 400 ans nous mène à la naissance du Messie.

D. <u>Conclusion :</u>

Aborder l'Ancien Testament peut paraître rébarbatif : amener le lecteur à voir plus clairement les interconnections entre les divers thèmes et livres semble déjà simplifier l'abord. Une vue synthétique des ouvrages basés sur le principe chronologique éclaircira encore plus la situation.

Chaque livre fera l'objet d'une approche simplifiée, le but est de faire un premier tour d'horizon avant d'entamer tout marathon biblique.

L'ordre d'étude tiendra évidemment compte de la présentation historique de la figure 3 (page 72).

Chaque lecteur de la Parole devrait s'intéresser au contexte et aux données générales avant de lire un chapitre biblique afin d'éviter toute fausse interprétation.

2. <u>Résumé des livres :</u>

Un survol rapide de chaque livre permettra de mieux situer celui-ci dans la globalité de la Bible.

Dans la suite, il ne s'agira de condensés de contenu des livres et, le cas échéant, de données indispensables à une étude ultérieure plus approfondie.

A. Le Pentateuque :

Les cinq premiers livres nous font remonter aux origines du monde.

a. La Genèse ou le commencement :

Les chiffres entre parenthèses représentent les chapitres et les versets concernés du Livre.

<u>Les origines :</u>

La Genèse, sans doute écrite par Moïse entre 1450 et 1300 acn, raconte nos origines et celles du peuple élu (pas celle de Dieu !) dont on estime les prémices à plus de 3000 ans acn : plusieurs étapes importantes sont présentées de manière très condensée.

Ainsi, nous assistons d'abord à la Création de toutes choses : l'univers, son contenu (1.1-25) et l'homme à l'image de Dieu (1.26-31 ; 2.18-24). En fait, c'est un véritable résumé très succinct car ce n'est pas vraiment le centre d'intérêt principal de ce premier Livre de la Bible.

C'est à partir de la chute que l'auteur décrit un peu plus en profondeur les diverses étapes. Il s'agit en fait de démontrer l'incapacité du premier homme à résister à la seule tentation et les conséquences dramatiques qui en ont découlé (3).

Ainsi se succéderont les histoires de Caïn, le premier criminel, et Abel, le premier martyr (4), la descendance d'Adam (5), le déluge (6 à 8), l'alliance avec Noé et la faute de ce dernier (9), sa succession (10) jusqu'à la Tour de Babel et la confusion qui en découla (11).

Figure 4 : Chronologie du Pentateuque.

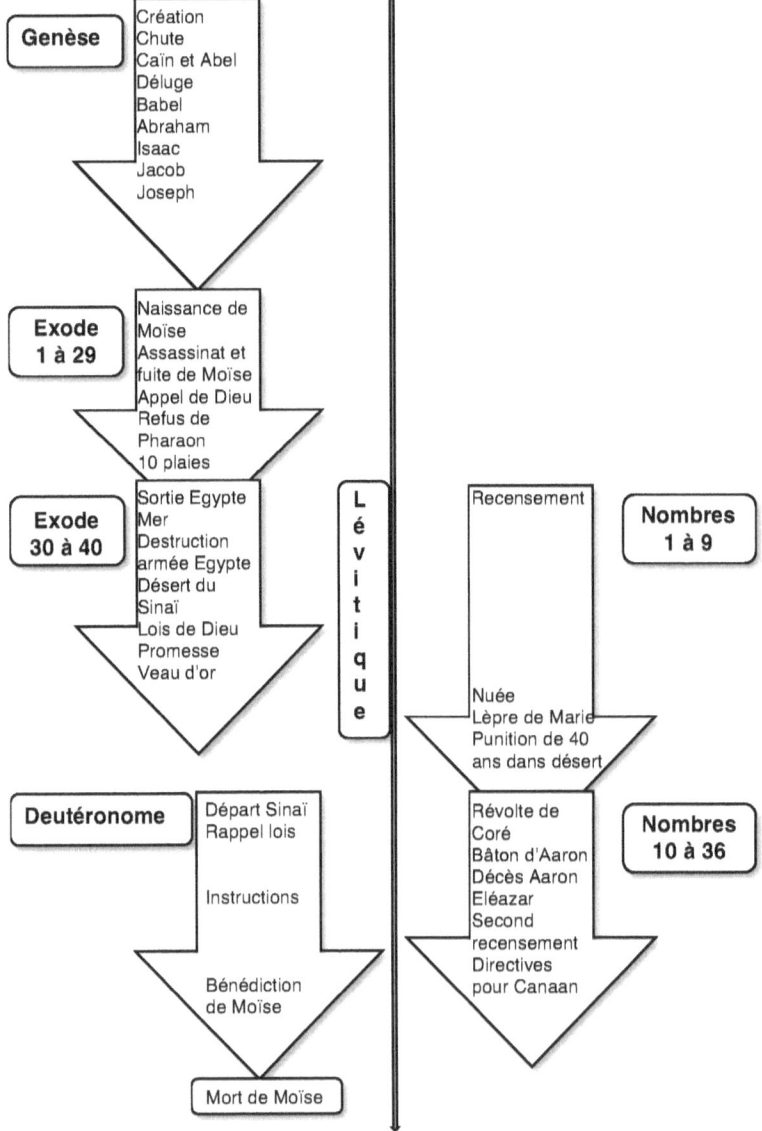

L'ère des Patriarches :

Après ce déplorable événement qui eut pour conséquence la dispersion et l'incompréhension des nations entre elles, survient après plusieurs générations (11) l'alliance de l'Eternel avec Abram, le Père des croyants, ouvrant ainsi l'ère des patriarches.

Nous assistons alors à l'appel de Dieu à Abram (12), à sa collaboration puis sa séparation d'avec son neveu, Loth (13 et 14), aux promesses de l'Eternel concernant un fils, un pays béni et une postérité nombreuse marquée par un changement de nom (Abraham) et la circoncision (15 à 17), entrecoupée par la naissance d'Ismaël (16), la destruction des villes de Sodome et Gomorrhe malgré son intercession, mais la vie épargnée pour Loth et ses filles (18 et 19), son séjour à Guérar, la naissance d'Isaac, l'enfant de la promesse, et le rejet d'Agar et Ismaël (20 et 21) pour en arriver à prouver sa soumission au Créateur en acceptant de sacrifier Isaac (22). La mort de son épouse, Sara, est relatée au chapitre 23.

Le second patriarche entre en lice : Isaac. Une période de cohabitation avec son père est relatée, notamment au moment de son mariage (24). Peu après le décès de celui-ci (25.8), l'histoire raconte la naissance des jumeaux Esaü, l'aîné, et Jacob (25) en parallèle à la vie d'Ismaël. La suite des aventures d'Isaac se trouve dans les chapitres 26 à 28, sa mort étant évoquée à la fin du chapitre 35.

C'est au tour du troisième : Jacob. La règle voulait que ce soit l'aîné des fils qui succède à son père. Par ruse, Jacob, ancêtre des 12 tribus, subtilise la place d'Esaü, mais doit fuir la fureur de ce dernier en s'exilant en Mésopotamie (27). Sur le conseil de son aïeul, il se rendra chez Laban pour épouser une de ses filles et connaître pas mal de mésaventures puisqu'il se retrouvera mari de deux sœurs, Léa et Rachel (28 à 30). Soulignons la vision de l'échelle qui est intégrée au début de cet épisode et le mariage d'Esaü avec une fille d'Ismaël (28). Nous assistons encore à une nouvelle fuite, vers Canaan cette fois, causée par la peur de représailles de Laban et ponctuée par une alliance entre eux (31). Mais ce retour ne peut se concrétiser que par une réconciliation avec Esaü (32 et 33) : la lutte de Jacob avec Dieu est un autre haut fait (32). Après le déshonneur de Dina, fille de Léa et la vengeance par ses frères (34), Jacob va déambuler en Canaan, pays de son père et y recevoir le nom d'Israël (35). La généalogie d'Esaü est citée au chapitre 36, tandis que la suite de l'histoire de Jacob et de ses fils reprend au 37. Son décès surviendra bien plus tard en Egypte après qu'il aura prophétisé sur ses douze fils (49).

La lignée patriarcale continue et s'achève par Joseph, fils cadet d'Israël. Son histoire débute de bien mauvaise manière puisqu'il est vendu comme esclave par ses frères qui avaient d'abord résolu de le tuer après avoir reçu ses confidences concernant l'appel de l'Eternel. C'est grâce à Ruben et à Juda qu'il a la vie sauve. Suite à cet acte immonde, ce dernier s'isole même de ses proches afin d'épouser Tamar (37 et 38). Joseph se retrouve donc en Egypte comme serviteur privilégié du chambellan du Pharaon ; malheureusement, refusant de céder aux charmes de l'épouse de ce dernier, elle le piège et il est jeté en prison (39). C'est durant ce séjour forcé qu'il interprète les rêves du grand échanson et du grand panetier venus le rejoindre dans l'infortune, le premier devant être rétabli dans ses charges tandis que le second serait exécuté : les explications données se concrétisent comme telles (40). Deux ans plus tard, le Pharaon rêve à son tour mais ne trouve personne capable de lui dévoiler la signification. Le grand échanson se souvient alors de Joseph et le recommande à son Roi : celui-ci est tellement impressionné qu'il le nomme ministre, préservant ainsi ce grand pays de la famine annoncée (41). C'est justement à cause de celle-ci que, dans le but d'acheter du blé, les frères de Joseph, envoyés par Jacob, viennent à lui sans le reconnaître, contrairement à notre héros (42). Ayant coincé les émissaires en gardant un otage, Joseph les oblige à revenir en Egypte avec le plus jeune d'entre eux, Benjamin resté en Canaan. Il les piège à nouveau pour une histoire de coupe dérobée par le cadet, provoquant l'intercession intense de ses frères pour la sauvegarde de la vie de Jacob qui ne supporterait pas l'absence du fautif présumé (43 à 44). Rempli de compassion, Joseph finit par se faire reconnaître à ses proches et leur pardonne leurs exactions passées, invitant son père à le rejoindre (45 à 47), tout en conservant ses hautes fonctions et en amenant le pays de Canaan sous la coupe de Pharaon en échange de blé (47). A la fin de sa vie, selon les instructions de Dieu, Jacob bénit les deux fils de Joseph, Ephraïm et Manassé, inversant le droit d'aînesse qui revient alors au cadet, premier nommé (48). La fin de la vie de Joseph est, après l'enterrement d'Israël en Canaan, heureuse. Il s'éteint là où il a prospéré : en Egypte (50).

La Genèse s'achève à cet endroit. Christ se retrouve déjà au travers de ce premier livre : dans la postérité de la femme (3.15), au travers du sacrifice sanglant d'Abel (4.4), de la rançon du Fils unique de la promesse, Isaac (22) et de la vente de Joseph (37.28).

L'Eglise n'est nullement en reste au travers de l'Arche de Noé.

b. L'Exode ou la sortie :

Israël en Egypte :

Le livre de l'"Exode débute 300 ans après que le récit de la Genèse se soit terminé, en citant les fils d'Israël venus en Egypte et en rappelant la mort de Joseph et de ses frères. Ce changement de règne amena le peuple hébreu dans un esclavage rude (1).

C'est à ce moment que commence l'histoire de Moïse, sans doute écrite par lui, relatant des événements contemporains à celui que l'on considère comme le premier prophète (Ex 17.14). De nombreux dessins animés ou comédies musicales romancent cette vie particulière : à nous de nous en tenir uniquement à la révélation.

Sa naissance et sa sauvegarde miraculeuse dans une arche sont narrées au chapitre 2. Nous ne connaissons rien de son enfance, mais le retrouvons jeune adulte, pressé de libérer une nation souffrante et commettant un meurtre qui le pousse à fuir au pays de Madian (2).

C'est dans ce pays qu'il fit la rencontre qui changera toute sa vie : le buisson ardent. Dieu l'a choisi pour libérer Son peuple élu : un dialogue s'instaura entre eux (3 et 4). Pour réaliser cette mission divine, il retourna en Egypte et présenta le projet aux Hébreux, avec l'aide d'Aaron (4). Avec leur assentiment, les deux frères se rendirent chez Pharaon pour lui faire part des desseins de Dieu : celui-ci refusa et rendit encore plus pénible le travail des Israélites au point qu'ils le reprochèrent à Moïse (5).

Mais l'Eternel n'en resta pas là et sollicita à nouveau Son serviteur afin qu'il se rende chez le Roi : malgré sa réticence, il s'exécuta (6 et 7). Entre temps, l'auteur prit la peine de décrire la généalogie des deux frères afin de légitimer leur rôle (6).

Devant l'obstination prophétisée de Pharaon, Dieu agit avec fermeté : ce furent les dix plaies envoyées sur le pays : la première, celle de l'eau changée en sang ; la seconde, les grenouilles ; la troisième, les moustiques ; la quatrième, les mouches venimeuses ; la cinquième, la peste du bétail ; la sixième, les ulcères ; la septième, la grêle ; la huitième, les sauterelles ; la neuvième, les ténèbres ; la dixième, la mort des premiers-nés (7 à 12). Notons encore qu'entre l'annonce de la dernière calamité et sa réalisation, Yahvé institua la Pâque, lien de sang réservé aux Juifs et aux circoncis marquant le début de la transition entre l'esclavage et la liberté (12). Devant une telle puissance divine, Pharaon se résolut à laisser partir Israël (12) et l'Eternel compléta Ses ordonnances sur la Pâque (13).

<u>La sortie d'Egypte :</u>

Dans Sa sagesse, Dieu dirigea Son peuple, qui emportait les restes de Joseph, vers la mer des Joncs, en le détournant des Philistins et en les guidant par une colonne de nuée le jour, de feu la nuit (13). Les Egyptiens, sur un accès de colère, les poursuivirent pour les massacrer et effrayèrent ainsi les Juifs qui regrettaient déjà leur ancienne condition. Mais l'Eternel engloutit la lourde armée égyptienne après avoir fait traverser Ses protégés au sec grâce à un puissant vent d'Est continu et asséchant (14).

La reconnaissance fut de mise par les louanges (15), mais de courte durée, car le peuple murmurait déjà d'insatisfaction contre Moïse et Aaron dans le désert : l'Eternel intervint en rendant potable de l'eau amère et en faisant tomber du ciel des cailles et la manne. Il institua également le sabbat (15 et 16). La satisfaction fut éphémère parce que l'eau vint à manquer à nouveau un peu plus tard : le miracle du rocher frappé fut la réponse divine (17).

La puissance de Dieu était avec le peuple élu : Amalec en fut pour ses frais lorsqu'il attaqua les Israélites (17). Devant tant d'efficacité, Jethro, beau-père de Moïse le rejoignit et le conseilla avec justesse (18).

<u>Le don de la Loi :</u>

Le désert du Sinaï fut atteint le troisième mois : Moïse monta à la rencontre de Dieu pour y chercher Ses voies (19). C'est le dévoilement des dix commandements, de règles sur l'autel (20), des ordonnances sur les esclaves et les dommages (21), les prescriptions du respect pour Dieu et les hommes et les préceptes sur les années saintes et les fêtes (22 et 23).

Fort de ces règles nouvelles, Moïse, selon les instructions de l'Eternel, rapporta fidèlement au peuple qui acquiesça tout ce qu'il avait reçu : Moïse le consigna par écrit. Il scella par le sang du sacrifice l'alliance selon les prescrits de Dieu avant de répondre à Son nouvel appel. Seul Moïse pouvait se tenir en présence de la gloire de Yahvé : il le fit quarante jours et quarante nuits (24).

Evidemment, de nouvelles instructions lui furent apportées : la construction du tabernacle dont l'arche, la table, les chandeliers, l'autel des holocaustes, le parvis, l'huile sainte et les vêtements sacerdotaux (25 à 28) ; la consécration des sacrificateurs, soit Aaron et ses fils et l'instauration du sacrifice perpétuel (29) ; l'autel des parfums (30) ; le dénombrement des Israélites (30) ; la cuve de bronze (31) ; la composition de l'huile sainte et du parfum (30) ; le choix des ouvriers (31) et le sabbat (31). Cette rencontre merveilleuse s'acheva par le cadeau des tables de la Loi (31).

Comme toujours, les Israélites, trop impatients, s'emportèrent parce que Moïse tardait à redescendre : c'est l'épisode du veau d'or réalisé avec la complicité d'Aaron. Prévenu par l'Eternel, Moïse avait déjà intercédé avant même de redescendre, ce qui ne l'empêcha pas de se mettre en colère contre eux en brisant les tables et d'ordonner aux Lévites de faire justice avant de retourner implorer l'Eternel (32). Dieu réitéra Sa promesse de pays extraordinaire, tout en maintenant son jugement contre ceux qui avaient péché : son retrait du milieu d'eux, la tente de la Rencontre étant dressée à l'écart du camp (32 et 33).

Deux nouvelles tables furent gravées et la faveur de l'Eternel fut de nouveau acquise pour Moïse : l'alliance était conclue par Lui directement pour Ses élus et le signe visible était la luminosité du visage de Moïse qui avait vu Dieu de dos (34).

Tel qu'ordonné, tout fut enfin mis en route : le sabbat, les offrandes pour la construction du Tabernacle (35 et 36) ainsi que l'édification de celui-ci et de ses accessoires (36 à 39), présentés à Moïse pour être bénis.

Sur les directives de l'Eternel, Moïse mit tout en place et acheva l'ouvrage : ce fut le départ d'un autre mode d'avancée dans le désert vers la terre promise (40).

Le livre de l'Exode s'achève à ce moment : Dieu guide Son peuple. Ce texte sert souvent à expliciter le salut par Christ, Moïse sauvant le peuple juif de l'esclavage et Jésus, tous les hommes de la mort.

Rappelons également que Moïse apparaît dans le Nouveau Testament, avec Elie, lors de la transfiguration (Lc 9.31).

Des symboles sont à relever :

- La Pâque = la rédemption du peuple par le sang de l'Agneau.

- Le Tabernacle : la porte ouverte à tous = Christ (Jn 10.9) ; l'autel des holocaustes = sacrifice de la Croix ; la cuve d'airain = le baptême ; l'autel des parfums = la prière ; le chandelier à 7 branches = le Fils de l'homme (Ap 1.12-13) ; la table des pains = le pain de vie (Jn 6.35) ; l'arche de l'alliance = la volonté de Dieu ; le propitiatoire = pardon et grâce de Dieu.

c. Le Lévitique ou le recueil des Lois :

Le chemin qui mène à Dieu :

Troisième ouvrage sans doute écrit par Moïse, le Lévitique est un recueil de lois et règlements concernant principalement la tribu des Lévites, sacrificateurs, qui étaient chargés de les appliquer.

Ce sont donc essentiellement des données sacerdotales qui vont rythmer la vie de la nation élue dont l'histoire est relatée en Exode : le respect de ces principes ouvre l'accès à Dieu, par le biais des sacrificateurs. L'étude de la Torah juive débute d'ailleurs par ce livre qui est au cœur du culte.

Ainsi, les premiers éléments abordent les sacrifices : la définition des holocaustes (1), des offrandes (2), des sacrifices de communion (3), pour les péchés et de culpabilité (4 et 5) et leurs règles de réalisation par les sacrificateurs (6 et 7).

Ensuite, les intervenants, Aaron et ses fils, furent consacrés sous la présidence de Moïse (8) pour réaliser les premiers sacrifices (9). Dès le départ, nous mesurons l'importance d'une exécution correcte des prescrits car deux des fils d'Aaron furent consumés parce qu'ils avaient contrevenus aux ordres (10).

<u>La marche avec Dieu :</u>

Toute une série de lois spécifiques à faire observer sont ensuite détaillées :

- Les animaux purs et impurs, la nourriture (11)
- La femme accouchée (12)
- La lèpre (13) et sa purification (14)
- Les maladies sexuelles masculines (15).
- La fête annuelle des expiations (16)
- Le lieu pour les sacrifices (17)
- L'interdiction de consommer du sang (17)
- La pudicité et les dérives sexuelles interdites (18)
- Les lois religieuses et morales (19)
- Les crimes et peines adjacentes (20)
- Les règles sur le chandelier et les pains (24)
- Les blasphémateurs et assassins (24)
- Le soutien financier, les prêts et le rachat d'individus (25)

A cela, Moïse ajoute les ordonnances spécifiques aux sacrificateurs (21 et 22). Les solennités (Pâque, Moissons, Trompettes, Expiations et Tabernacles) sont un axe important de la vie religieuse (23), tout comme les années sabbatiques et du jubilé (25).

Enfin, sont abordés deux points essentiels : la manière de recevoir les bénédictions divines (26) ainsi que le prix des vœux à l'Eternel et les dîmes (27).

Ces diverses règles furent donc imposées aux Juifs, par l'intermédiaire de Moïse lorsqu'il allait à la rencontre du Créateur sur le Mont Sinaï. Le contenu de ce livre s'intègre dans celui de l'Exode.

La thématique principale est de comprendre comment s'approcher ou revenir à Dieu et comment demeurer pur à Ses Yeux. Les Juifs ont relevé 613 commandements (248 positifs et 365 négatifs).

La portée du Lévitique est également applicable aux chrétiens. En effet, le sacrifice de Jésus sur la Croix n'est-il pas symbolisé au travers du taureau expiatoire et du bouc émissaire conduit hors du camp (Hb 9.11-14 ; 13.13) ? Et ne sommes-nous pas les Lévites modernes (Ap 1.6) ? Notre purification est donc essentielle avant l'onction et la consécration.

Enfin, les divers sacrifices sont les symboles suivants : l'holocauste est le don total de soi ; les prières sont les offrandes ; les actions de grâce représentent la reconnaissance ; l'expiation préfigure la repentance.

d. <u>Les Nombres ou les deux recensements :</u>

Ce quatrième livre de Moïse est complémentaire au précédent puisqu'il relate aussi des instructions divines recueillies par Moïse sur le Mont Sinaï.

Cette fois, il s'agit plus précisément des règles techniques de vie à mettre en parallèle avec les normes religieuses (le titre vient du fait qu'il s'agissait du dénombrement de la population juive selon la volonté de l'Eternel).

Il ne s'agit pas de la suite de l'Exode, mais, comme le Lévitique, cette œuvre s'enchevêtre dans le premier cité, nous amenant plus de précisions quant aux attentes de Yahvé pour son peuple.

Préparatifs au départ du Sinaï :

L'écrit débute par le dénombrement des Israélites au Sinaï qui fut commandé en Exode 30 (1), deux ans après la sortie d'Egypte. Il est important de noter que le recensement concernait les hommes adultes capables de porter les armes et répartis selon leurs clans familiaux : le résultat fut de 603 550 soldats potentiels. Remarquons aussi que la tribu des Lévites n'était pas intégrée au reste, leur consécration étant uniquement spirituelle et religieuse (3).

De ce décompte particulier découla l'organisation des campements (2).

Les premiers-nés de sexe masculin furent également mis en évidence : ils étaient 22 273. Dieu s'appropria les Lévites en lieu et place de ces derniers, soit 22 000, afin d'en faire Sa propriété unique. Le surplus fut payé selon des règles divines (3).

Ce n'est pas par caprice, mais pour des fonctions bien précises que cette famille fut mise de côté et totalement dépendante de l'Eternel (4).

S'ensuit de nouveau toute une série de normes à respecter :

- Pureté, vol et non convoitise (5)
- Le vœu d'ascétisme et la consécration (6)

- Bénédiction du peuple par les sacrificateurs (6)

Viennent ensuite une série d'événements entourant l'installation et la consécration du tabernacle : nous remarquons que cet épisode est inscrit dans le chapitre 40 de l'Exode, ce qui signifie que Les Nombres complètent l'histoire de Moïse entamée par le second Livre des Ecritures. Les chefs des diverses tribus apportèrent leurs offrandes pour cette inauguration (7).

A partir de ce moment, nous assistons à la suite de la réalisation des prescrits de l'Eternel donnés à Moïse, celui-ci restant en communion permanente pour s'assurer le respect total des désirs de Dieu.

Ainsi, la manière de poser les lampes fut transmise à Aaron, les Lévites furent mis à part et purifiés pour le service (7) et la Pâque est célébrée (8) dès la seconde année dans le désert de Sinaï.

En fait, ils ne restaient pas statiques, mais se déplaçaient au gré de la nuée comme déjà décrit dans Exode au chapitre 40 (9).

Une nouvelle instruction tombait : la réalisation de deux trompettes d'argent qui serviraient dorénavant à convoquer le peuple. Cela inaugurait le départ du désert du Sinaï (10).

<u>L'errance de 40 années dans le désert :</u>

Malheureusement, les protégés de l'Eternel récidivèrent dans leurs lamentations parce qu'ils ne recevaient plus la manne et craignaient la famine, enclenchant Sa colère destructrice. Suite à l'intercession de Moïse, Il s'apaisa et, grâce aux requêtes, allégea son fardeau en oignant septante anciens d'Israël afin qu'ils œuvrassent à ses côtés. En complément, suite à Sa promesse, Yahvé dirigea vers le camp des milliers de cailles (11).

La jalousie est mauvaise conseillère : Aaron et Myriam enviaient la relation que Moïse, homme très humble, entretenait avec Dieu. Ceci déplut à ce dernier au point qu'Il punit Myriam de la lèpre blanche durant sept jours avant de la guérir (12). Après cet épisode effrayant, le camp fut levé pour se rendre dans le désert de Paran (13).

C'est alors que l'instruction divine fut donnée d'envoyer douze éclaireurs pour explorer le pays de Canaan, terre dévolue à Israël (13). Leur rapport était mitigé à cause de la présence de géants, ce qui eut pour résultat d'apeurer et insatisfaire de nouveau le peuple (14). Ceci eut l'art d'agacer l'Eternel qui condamna Sa nation à rester durant quarante années dans le désert, correspondant aux quarante jours d'exploration et surtout à une génération entière ! Il tua également les éclaireurs à l'exception de ceux qui Lui étaient resté fidèles : Josué et Caleb. Malgré cette malédiction, certains dissidents voulurent prendre possession du pays et furent défaits (14).

Un temps d'attente et de préparation débuta. De nouvelles instructions, en prévision de l'installation dans le pays de Canaan, furent données à Moïse : les règles sur les offrandes, les libations, les prémices et l'expiation des fautes involontaires. A celles-ci s'ajouta celle de la violation du sabbat par un cas concret de condamné à mort. Un signe serait apposé par chaque génération en souvenir de l'obéissance obligatoire à Dieu : un cordon violet fixé à une frange du vêtement (15).

La vie était rude pour Moïse et Aaron qui devaient faire face non seulement aux murmures et désobéissances, mais aussi à la révolte de Coré, un Lévite et ses 249 amis de divers clans. La sanction divine fut sans appel, renforçant le leadership de Moïse : seuls les 250 insoumis moururent par le feu (16). Non content d'avoir la vie sauve, le peuple persévéra contre les deux serviteurs de l'Eternel, au point que Celui-ci commença à les exterminer. Sans l'intervention de Moïse et d'Aaron, tous auraient péri (17).

Au vu de tant de désinvolture de la part des Israélites, Dieu décida de réclamer un bâton à chaque chef de tribu, soit douze, pour les déposer dans la tente du Témoignage. Le propriétaire de celui qui germerait serait reconnu explicitement par l'Eternel comme le seul clan sacrificateur : évidemment, c'est celui d'Aaron qui bourgeonna, scellant ainsi à jamais l'autorité spirituelle des Lévites (17).

Cette charge avait des conséquences lourdes et méritait donc un salaire à la hauteur, fixé par Yahvé (18). Des règles concernant l'impureté furent encore édictées (19).

L'histoire relate ensuite le décès de Myriam dans le désert de Tshin (20) et une nouvelle altercation entre le peuple et Moïse concernant le manque d'eau. Ce dernier alla au-delà de la volonté divine en frappant deux fois le rocher qui donne l'eau en abondance : la sanction fut que cette assemblée ne pénétrerait jamais dans la terre promise (20).

Viennent encore une tentative avortée de traverser pacifiquement Edom et la mort d'Aaron : son fils, Eléazar fut désigné comme son successeur (20).

Malgré une victoire offerte sur les Cananéens, les Israélites firent encore preuve d'impatience et d'insoumission : ils se trouvèrent confrontés à des serpents extrêmement dangereux. C'est l'épisode du serpent de bronze vers lequel on devait tourner le regard afin de recevoir la vie (21 ; cela fait référence à regarder Jésus pour obtenir le salut).

La conquête reprit : les unes après les autres, les nations de Transjordanie furent vaincues (21).

Dans le camp de Moab :

S'ensuivirent la panique de Balaq, roi de Moab, et l'intervention de Balaam, prophète chargé de maudire les serviteurs de Dieu devenus trop dangereux. Rien ne se passait comme prévu pour Moab et l'Eternel alla jusqu'à faire parler une ânesse (22 à 24).

Une fois de plus, les Israélites ne surent pas se tenir : ils se livrèrent à la débauche avec les filles de Moab et s'adonnèrent à l'idolâtrie. Une sentence de mort tomba à nouveau pour ces fautes (25).

Un second recensement fut ordonné : Moïse et Eléazar comptèrent 601 730 hommes en âge de porter les armes. Ce relevé avait pour but d'effectuer le partage de la terre promise entre les différentes tribus selon leur importance et par le sort. C'est pourquoi les Lévites furent dénombrés à part : 23 000. Une chose importante est à souligner : il n'y avait plus aucun adulte du recensement précédent (26).

Puisqu'il y aurait des possessions futures, la loi sur les héritages fut édictée (27), peu avant la désignation du successeur de Moïse : Josué (27).

Les temps pour les sacrifices furent fixés par Dieu en prévision de l'installation dans le pays (28 et 29), tout comme la promulgation de la loi sur les vœux et serments à l'Eternel (30).

Vint l'heure de la vengeance sur les Madianites qui avaient refusé le passage sur leurs terres (31).

C'est peu après que les tribus de Gad et de Ruben demandèrent à prendre possession des terres de Galaad, en dehors du pays promis par l'Eternel, tout en garantissant leur soutien militaire à ceux qui franchiraient le Jourdain (32).

Un bref récapitulatif des pérégrinations du peuple élu nous permet de mesurer le chemin accompli depuis la sortie d'Egypte jusqu'à l'arrivée aux frontières de Canaan (33). A ce moment, juste avant d'y entrer, le Seigneur détermina les limites dans lesquelles les diverses familles s'installeraient et l'ordre du tirage au sort (34).

Ne laissant pas Ses sacrificateurs, les Lévites, en reste, des cités leur furent dévolues dans chaque territoire, de même que des villes refuges pour les meurtriers accidentels afin qu'ils échappassent à la vengeance de sang (35).

Une dernière instruction fut donnée aux filles qui hériteraient : elle ne pourrait pas se marier avec un homme issu d'une autre tribu. La propriété d'une famille demeurerait dans celle-ci (36).

C'est face à Jéricho, dans les plaines de Moab, près du Jourdain que s'achève cet exposé : il restait à conquérir le pays de la promesse.

Nous avons déjà établi le parallèle entre Moïse, serviteur fidèle et humble, et Jésus. Nous insisterons surtout sur le symbolisme du serpent d'airain vers lequel il suffisait de lever les yeux pour recevoir la vie.

e. Le Deutéronome ou la Loi répétée :

Séjour au désert :

L'épilogue du Pentateuque débute par un rappel des faits principaux survenus depuis le départ du Sinaï, soit à partir du chapitre 10 des Nombres jusqu'à la désignation de Josué afin qu'il menât les troupes au-delà du Jourdain, à la conquête de la terre promise puisque Moïse ne pourrait les accompagner (1 à 3). C'est donc le cinquième et dernier livre dédié par Moïse au peuple juif : remarquons que ce n'est évidemment pas lui qui relate sa mort.

Avant d'envoyer le peuple à sa destination finale, Moïse leur donna les dernières recommandations qui furent de respecter scrupuleusement les ordonnances de l'Eternel en insistant sur les différentes actions qu'Il a accomplies. Il désigna ensuite trois villes refuges en Transjordanie (4).

Décalogue répété :

Un nouveau retour en arrière est effectué : Moïse remémora les commandements reçus de Dieu à la sortie d'Egypte, peu de temps après les premières victoires (4 et 5). Ce rappel du décalogue aboutit sur les conseils à appliquer lors de l'entrée dans le pays de Canaan : respect pour Yahvé et Ses ordonnances et obligation de transmettre cette connaissance verbalement, de génération en génération (6) ; pas d'attelage disparate (7) ; la reconnaissance pour la promesse d'un pays riche (8).

Il fit également mention des manquements passés du peuple toujours insatisfait et rebelle (9 et 10) avant d'exhorter chaque Israélite à obéir et aimer Dieu (10 et 11).

S'ensuivirent de nouvelles recommandations précises que chacun devrait appliquer dès son installation en Palestine et les conséquences positives ou négatives en fonction du comportement : bénédictions ou malédictions (11) ; service de l'Eternel dans le lieu choisi par Lui (12) ; interdiction de l'idolâtrie (13 et 16) et punition, des incisions (13 et 14) ; la consommation des animaux purs et interdiction de manger les impurs (14) ; les dîmes (14) ; les règles de la remise, des indigents, de l'esclavage (aussi 23) et des premiers-nés des animaux (15) ; les fêtes (16) ; la nomination des juges et les jugements y afférant (16 et 17), l'établissement d'un roi (17) ; les droits des sacrificateurs et des Lévites (18) ; l'interdiction des sacrifices, ou de la divination et la levée de prophètes conformes à la volonté de Dieu (18) ; la désignation de villes refuges (19) ; le comportement à adopter suite au mensonge et à la tricherie (19) ; les exemptions du service militaire (20) ; la manière de conquérir le territoire et de se comporter face aux ennemis et à leurs avoirs (20) ; le cas particulier des meurtres dont l'assassin n'est pas connu, des femmes prisonnières, les droits de l'enfant premier-né en cas de polygamie, les cadavres des pendus (21) ; les animaux et les objets égarés, l'interdiction de se travestir, les principes de respect de la nature et d'autrui, la virginité, l'adultère et le mariage (22) ; les personnes exclues de l'assemblée, l'interdiction de la prostitution, les prêts et les vœux (23) ; le divorce, le respect de l'être humain dont le jeune marié, l'emprunteur, l'immigrant et le pauvre (24) ; le devoir de mariage du beau-frère de la femme veuve, l'impudicité et la fraude (25).

Les bénédictions et les malédictions :

Ce code théocratique insiste encore sur d'autres points déjà cités précédemment : les prémices et les dîmes (26) ; l'obligation de prononcer des bénédictions et des malédictions dans un lieu précis sur base de la Loi (27) ainsi que les bénédictions et les malédictions annoncées par l'Eternel en fonction du comportement (28).

Le renouvellement de l'alliance suivait toute cette énumération : elle avait évidemment un double sens puisque le peuple devait s'y engager (28 et 29) et Dieu y proclamait les conséquences qui y étaient attachées (30).

Dernières paroles de Moïse :

Nous arrivons progressivement à la fin de l'exposé de Moïse, âgé, qui présenta son successeur, Josué, seul habilité à traverser le Jourdain pour entrer dans le pays. Il recommanda encore de lire obligatoirement la loi tous les sept ans à la fête des Tabernacles. Le livre devait être déposé par les Lévites auprès de l'arche de l'Alliance (31).

L'Eternel lui annonça d'ores et déjà que l'alliance serait violée et donna Ses instructions à Moïse et à Josué, dont, notamment, l'écriture d'un cantique en mémoire de cela (31). Celui-ci fut transcrit au chapitre suivant (32). Les points essentiels très actuels du discours de Moïse sont : veiller sur son âme ; méditer les commandements et les transmettre à sa descendance ; se souvenir des hauts faits de l'Eternel ; obéir afin d'être heureux et béni plutôt que maudit.

Sentant sa mort proche, Moïse prononça une bénédiction sur les Israélites (33). C'est sur la plaine de Moab qu'il ferma les yeux, d'une position qui lui permit de voir la totalité du pays promis.

Le Pentateuque s'achève par une dédicace extraordinaire :

> « Il n'a plus paru en Israël de prophète semblable à Moïse, que l'Éternel connaissait face à face (Dt 34.10). »

Jésus utilisa le contenu de ce livre pour résister aux tentations du diable durant ses 40 jours et nuits dans le désert.

Les villes refuges représentent la paix que nous trouvons en Christ.

B. Job ou la souffrance du juste dans l'épreuve :

Nous avons affaire à un des livres les plus anciens, si pas le plus. Son auteur est inconnu, mais les faits remontent au moins au temps de l'exil. C'est pour cette raison qu'il se trouve présenté juste après le Pentateuque. Certains ont parfois tendance à postposer cette histoire au temps de Salomon, uniquement parce que le style se rapproche de celui du livre d'Ecclésiaste.

Le récit est de forme poétique, presque à l'image d'une pièce de théâtre incluant de nombreuses scénettes d'une lutte entre Satan et Dieu, avec comme objet de l'enjeu, un individu qui n'attendait pas tant d'attention sulfureuse sur sa personne.

a. Description d'un juste touché par l'épreuve :

Quand l'histoire débute, rien ne laisse présager d'un drame sous-jacent. En effet, Job, habitant d'Outs, est décrit comme prospère et vivant dans les voies de l'Eternel, étant même le sacrificateur familial

(1.1-5). Le décor est ainsi planté pour une aventure palpitante et bouleversante dont l'acteur principal va en être la victime.

En effet, dès le verset suivant, une discussion s'engage entre Dieu et Satan (la seule dans la Bible) qui va déboucher sur une mise à l'épreuve dont notre héros se serait certainement bien passé. Prétendant que Job n'est fidèle dans sa foi que parce qu'il a constamment été béni, le Malin obtient du Créateur l'autorisation de le rudoyer, mais uniquement en le privant de ses avoirs et de ses enfants. Ce n'est que pure perte, puisque notre ami demeure ferme (1).

Mécontent de cet échec, le Tentateur affirme que si sa santé vacillait, cette belle confiance disparaîtrait également. Il lui est donc permis que tombe sur Job une maladie grave et répugnante. Malgré les encouragements déplacés de son épouse, il tient bon et continue à accepter son sort sans rejeter Dieu. Ses trois amis viennent à son chevet et patientent à ses côtés (2).

b. Discours autour de l'épreuve :

Las de souffrir, Job, au bout de sept jours, finit par exprimer sa douleur (3). Ses soutiens amicaux (Eliphaz, Bildad et Tsophar) le blâment en lui affirmant que son état lamentable a pour origine le péché : un dialogue de sourds perdure sur une très longue partie de cet exposé, chacun des trois intervenants essayant de persuader leur pauvre ami du bien fondé de leurs convictions. Mais Job reste inflexible en affirmant constamment son intégrité (4 à 31).

Fatigués de le voir camper sur sa position, ils finissent par faire silence. Le calvaire de Job ne cesse pourtant pas puisque un autre larron, nettement plus jeune et impétueux, Elihou, se permet de se mettre en colère contre son aîné qui insiste sur son innocence. Il donne un long plaidoyer avec comme objectif d'être plus efficace que ses prédécesseurs en amenant Job à avouer sa condition réelle de pécheur et la justesse des voies divines (32 à 37).

C'est ensuite l'Eternel qui s'exprime face à Job : Il insiste sur Sa prééminence en toutes choses et n'hésite pas à faire des reproches à son oint (38-39). Sur une réplique empreinte d'une telle sagesse et d'une telle vérité, Job ne peut que s'humilier et reconnaître sa faiblesse (40.1-5).

Une nouvelle intervention divine survient au milieu de la tempête (40 et 41), suivie d'un second aveu de Job quant à la toute-puissance de son Créateur et sa propre faiblesse (41.1-6). Suite à cela, le Seigneur reprend de volée les trois amis pour leur impertinence et leur ordonne des sacrifices. Job intercède pour eux (42).

Après, l'Eternel restaure Job et l'établit sur des biens nettement plus conséquents qu'avant cette très douloureuse épreuve (42).

Ce livre est un excellent modèle concernant l'épreuve victorieusement traversée par l'humilité et la repentance, amenant ainsi la sanctification. Ezéchiel et Jacques font référence à Job. La vindicte populaire fait aussi référence à cette situation douloureuse au travers de l'expression « pauvre comme Job ».

Selon ce texte, la souffrance semble avoir quatre raisons d'exister : aucune cause décelable, soit un mystère divin (2.10), le châtiment de l'Eternel (4.6-8), l'épreuve de la foi (19.25) et, ou, la formation (33.19).

Le principe de la fidélité récompensée ressort également, le chrétien obtenant le salaire de ses actions, si par sur terre, au moins dans les cieux.

Figure 5 : De Moïse à David

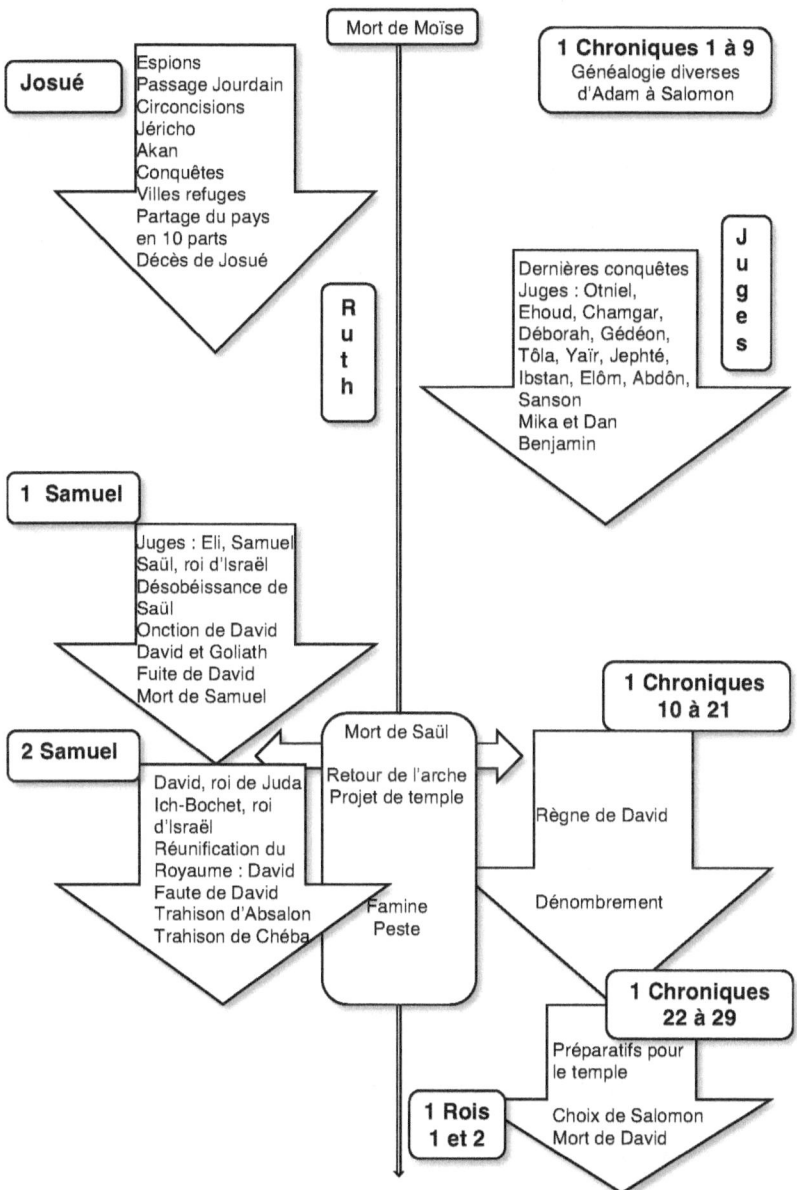

C. La Théocratie :

Cette période couvre l'entrée en terre promise jusqu'à la royauté en Israël.

a. Josué, « Dieu sauve », la conquête de Canaan :

Ce récit, qui se déroule vers la fin du 14ème siècle ACN sur une durée d'environ 25 ans, porte probablement le nom de son auteur, ou, en tout état de cause, de son acteur principal, sachant que, comme pour Moïse concernant le Deutéronome, la mort de Josué y est relatée.

La conquête :

Pour mémoire, Josué a été appelé à succéder à Moïse afin de prendre possession du pays après le décès de ce dernier qui en a été privé à cause de sa désobéissance (1).

Nous allons donc vivre la suite immédiate de Deutéronome en découvrant la conquête de la terre promise et le partage du Canaan entre les tribus d'Israël.

Avant d'engager ses troupes, Josué envoya deux espions à Jéricho afin d'y jauger les forces : ceux-ci eurent la vie sauve grâce à une prostituée, Rahab qui leur demanda grâce pour elle et ses proches en guise de remerciement. A leur retour, le rapport fut limpide : leurs ennemis étaient effrayés rien qu'à l'idée de voir l'armée de l'Eternel franchir le Jourdain (2).

Et c'est ce qui se passa : les troupes firent mouvement dès le lendemain pour camper en face du fleuve. Conformément à l'annonce de Dieu et aux ordres transmis, sur le passage de l'arche de l'alliance devant les Israélites, les eaux s'écartèrent, confortant par la même occasion le leadership de Josué (3). A la suite de cela, douze hommes, un par tribu, furent chargés d'emporter douze pierres du

Jourdain au campement en commémoration du miracle. Celles-ci furent dressées à Guilgal (4).

Ce fut le moment choisi par l'Eternel pour exiger la circoncision des Israélites pour la seconde fois, la première génération ayant entièrement disparu durant le séjour dans le désert. Il était temps de sceller à nouveau l'alliance divine (5).

Après la cicatrisation complète de tous les hommes, l'heure vint de faire mouvement et de prendre Jéricho, ville fortifiée par excellence. Par miracle, celle-ci fut livrée, pillée et sa population exterminée, à l'exception de Rahab la prostituée selon le pacte passé avec les deux espions juifs (5 et 6).

Tout le butin était voué à l'interdit, mais Akan, de la tribu de Juda, transgressa cette ordonnance, mettant ainsi l'Eternel en colère. Ceci eut pour conséquence une défaite lourde de sens car l'armée d'Aï était faible et peu nombreuse. Josué intercéda et l'Eternel demanda Son dû, soit le châtiment du coupable et sa famille par le feu (7). Une nouvelle bataille répara la perte antérieure : Aï fut entièrement détruit. Suite à ce succès, comme annoncé par Moïse, un autel fut dressé sur le mont Ebal (8).

La nouvelle de ces défaites retentissantes de leurs voisins amena les Gabaonites à ruser pour échapper au même sort : ils obtinrent une alliance de paix de la part de Josué, se faisant passer pour un peuple éloigné. Une fois le piège découvert, les Israélites se sentirent floués, mais aussi liés par leur serment. Ne pouvant les tuer, ils les réduisirent à l'esclavage (9).

Atterrés par cette nouvelle, le roi de Jérusalem, allié à d'autres royaumes du sud, se prépara, en guise de représailles, à faire le siège de la traîtresse, Gabaon, réputée puissante. Alertés par leurs nouveaux serviteurs, les Israéliens se ruèrent à leur secours et défirent les armées rassemblées avec le soutien de Dieu qui fit tomber une pluie de pierres. Les rois furent emmurés et presque tous leurs soldats massacrés sauf ceux qui réussirent à rejoindre leurs villes fortifiées (10). Après la poursuite, les rois furent amenés captifs à Josué qui les tua devant le peuple. Les places fortes tombèrent les unes après les autres : Maqqéba, Libna, Lakich, Guézer, Eglön, Debir et tout le reste du pays (10).

Un autre combat important se préparait contre une coalition bien plus grande que la précédente et formée par les royaumes du Nord principalement. La bataille eut lieu près du Mérom, l'armée de l'Eternel l'emportant avec brio, exterminant tous les ennemis (11).

Toute la campagne victorieuse est résumée au chapitre 12.

<u>Le partage du pays :</u>

Les années s'écoulant, Josué devenait âgé et la tâche était encore rude : d'autres territoires restaient à conquérir afin d'occuper l'entièreté de la terre promise à Moïse. L'Eternel ordonna donc de répartir toutes ces étendues entre les diverses tribus d'Israël, excepté la demi tribu de Manassé, les Rubénites et les Gadites qui s'étaient installés, à leur demande, en Transjordanie, au-delà du Jourdain et des Lévites qui devaient se consacrer uniquement à Dieu (13).

Une longue énumération s'ensuit, fixant les possessions territoriales de chacune des neuf tribus et demie, obtenues par tirage au sort. : Juda, dont Caleb fut l'espion courageux, reçut Hébron et Jérusalem, entre autres lieux importants (14 et 15) ; Ephraïm (16) ; la demi tribu de Manassé (17) ; Benjamin ; Siméon ; Zabulon ; Issacar ; Aser ; Nephtali ; Dan (18). Josué se vit offrir une cité en héritage : Tinah-Sérah, dans la montagne d'Ephraïm (18).

Comme l'avait indiqué l'Eternel, six villes refuges furent également désignées afin de permettre aux meurtriers accidentels de vivre à l'abri des vengeurs de sang (20). Quarante-huit autres, disséminées sur tout le territoire d'Israël, étaient réservées aux Lévites(21).

Le travail étant accompli, Josué renvoya, avec ses recommandations, les Rubénites, les Gadites et la moitié de Manassé vers leurs foyers, eux qui s'étaient engagés à conquérir le pays avec leurs frères avant de bénéficier pleinement des terres à l'est du Jourdain. Rentrés chez eux, ils érigèrent un autel en face du pays de Canaan, ce qui ne plut absolument pas aux autres clans qui le prirent comme une infidélité à l'Eternel avec les risques que cela comportait pour tous. Après avoir entendu la raison de cette construction (témoin de l'alliance et non, lieu de sacrifice), la paix fut maintenue (22).

Les dernières recommandations de Josué et sa mort :

Nous retrouvons Josué très vieux, la conquête étant achevée de longue date. Celui-ci convoqua Israël afin de leur faire ses dernières recommandations et pour leur rappeler les hauts faits de Dieu pour Son peuple. Il mourut après cette assemblée de Sichem, à l'âge de 110 ans. La fin du livre de Josué souligne la fidélité d'Israël envers Dieu durant l'existence de son leader, mais aussi des autres anciens qui l'avaient accompagné. Les os du patriarche Joseph furent enterrés à Sichem, sur la terre achetée par Jacob. Le sacrificateur Eléazar, fils d'Aaron et sacrificateur, mourut également (23 et 24).

Le livre de Josué se termine fort logiquement à sa disparition. Nous remarquons que les liens ancestraux sont puissants et que, avant de s'installer dans le pays promis par l'Eternel, celui-ci avait été habité par certains patriarches.

Insistons sur la particularité du nom de Josué (Dieu sauve) qui est aussi celui de Jésus et sur le fait que Rahab, prostituée non juive, se retrouve dans la généalogie de Christ.

Ce livre peut être mis en parallèle avec l'Epître paulienne aux Ephésiens qui traite également de conquête, par le combat spirituel cette fois : dans les deux cas, la victoire s'obtient par la Foi.

b. Les Juges ou la décadence du Peuple Elu :

Le Livre des Juges est la suite immédiate de celui de Josué et durerait environ 300 ans. Son auteur est inconnu, mais le Talmud semble l'attribuer à Samuel ou à un de ses proches collaborateurs. En effet, la rédaction est estimée à environ 1030 ACN parce que l'introduction débute par « En ce temps-là, il n'y avait pas de rois ».

Le terme « Juges » n'a pas le sens de justice que l'on pourrait imaginer, mais plutôt une émergence de libérateurs, guerriers et héros successifs qui intervenaient sous l'impulsion de l'Eternel.

La fin des conquêtes :

Après un temps de repos prolongé relaté à la fin du livre de Josué, il restait encore à défaire les Cananéens.

Comme leur territoire avait été promis à Juda, c'était à ses membres de les affronter avec leur allié volontaire, Siméon. Ce furent de nouveau des conquêtes retentissantes : Jérusalem, le Néguev, la Chephéla, Hébron et les autres villes.

L'histoire de la prise de Debir et de la récompense octroyée à Otniel est déjà relatée du temps de Josué (Josué 15), ce qui paraît un peu confus et rend une certaine imprécision historique, d'autant que la chronologie des faits avec les victoires de Caleb sur les trois fils d'Anaq est inversée (1). Le fait qu'il s'agisse d'un autre auteur, inconnu de surcroît, pourrait expliquer l'abord quelque peu différent de l'histoire. Toutefois, nous voyons au chapitre 2, verset 21 que des territoires, que l'Eternel n'avait pas livrés entre ses mains, restaient à conquérir à la mort de Josué (2.23).

Les autres tribus accomplissaient également leur devoir afin d'arrêter les frontières aux données perçues de l'Eternel, sachant que certains indigènes étaient épargnés ou invaincus, ce qui ne plaisait absolument pas à Dieu puisqu'il envoya un oint pour souligner leur désobéissance et les risques encourus (1 et 2.1-5).

La suite du second chapitre semble être antérieure au début du livre des Juges puisque Josué y est en train de vivre ses dernières heures alors qu'il était présenté défunt dans l'introduction. Il est possible que divers écrits aient été rattachés à une certaine époque afin d'en faire un seul livre. Quoiqu'il en soit, l'auteur souligne la fidélité d'Israël durant la vie de Josué et des anciens qui l'accompagnaient jusqu'à ce que la génération ait été entièrement renouvelée. L'idolâtrie prit le dessus, Israël s'inclinant devant Baal et les Astartés : la sentence fut une succession de lourdes défaites, de pillages et d'esclavages. L'Eternel suscita des juges qui les préservaient chaque fois durant leur vie, mais les Israélites persévéraient dans leurs dérives. La conséquence fut l'arrêt divin des conquêtes afin d'éprouver Israël qui se mélangeait à eux (2 et 3).

<u>Les Juges :</u>

S'ensuit l'histoire des Juges :

- Otniel : après une déportation de huit ans en Mésopotamie, Dieu suscita Otniel, beau-fils de Caleb, Judéen, du milieu du peuple qui l'implorait. Il vainquit le roi de Mésopotamie. Israël fut restauré et vécut quarante ans de paix (3).

- Ehoud : Benjaminite, il libéra Israël du joug de Moab après 18 ans en assassinant courageusement le roi Eglön et battit les Moabites, amenant une paix de quatre-vingt ans (3).

- Chamgar : peu de choses sont dites, hormis qu'il sauva son peuple des Philistins (3).

- Déborah, prophétesse fut choisie par l'Eternel pour sauver le peuple repentant des griffes des Cananéens qui les faisaient souffrir depuis vingt ans. Sous l'impulsion de Dieu, elle accompagna Barack et ses hommes pour combattre et vaincre Sisera et ensuite tout Canaan (4). Le chapitre 5 est un cantique chanté par Déborah et Barack (5). Il s'ensuivit quarante ans de paix.

- Gédéon : le scénario reste identique. Après un temps long d'obéissance (notons que les durées de paix sont plus longues que celles d'esclavages), le peuple se rebella contre Dieu qui le livra à ses ennemis, les Madianites, durant sept ans. Les supplications répétées finirent par émouvoir Yahvé qui fit lever un Juge pour les libérer. Gédéon était pauvre, jeune et petit, mais c'est lui qui fut appelé par l'ange de l'Eternel. Il combattit d'abord l'idolâtrie de son peuple avant de remporter une victoire éclatante à la tête de trois cents hommes et d'expurger le territoire au-delà du Jourdain. Il refusa l'honneur de la couronne royale car le régime théocratique devait perdurer quarante ans encore. Malheureusement, en fin de vie, il succomba aussi aux charmes de l'immoralité spirituelle, se fabriquant un éphod qui devint objet d'adoration. Ce n'est qu'après sa mort que l'abominable survint : Abimélek, fils de sa concubine établie à Sichem, monta un complot contre les septante fils de ses épouses qui furent tous assassinés, à l'exception du plus jeune, Yotam qui s'était dissimulé. Ce dernier, apprenant qu'Abimélek allait être couronné, parla à Sichem sous la forme d'une parabole et d'un discours avant de fuir. Abimélek fut prince pendant trois ans avant d'être trahi à son tour. Malgré des batailles gagnées contre ses ennemis, il mourut misérablement, blessé par une pierre de meule jetée par une femme et achevé à sa demande par son écuyer : Dieu vengea ainsi les fils de Gédéon (6 à 9).

- Tôla d'Ephraïm : il sauva à son tour Israël et fut juge durant vingt-trois ans (10).

- Yaïr, le Galaadite : dirigea le peuple pendant vingt-deux ans (10).

- Jephté, Galaadite : l'idolâtrie battait à nouveau son plein, Israël adorant non seulement Baal et les Astartés, mais aussi d'autres dieux syriens, sidoniens, moabites, ammonites et philistins. Ces deux dernières nations dominaient sur eux avec rudesse. Promu capitaine des troupes de Galaad, il avertit à plusieurs reprises les Ammonites en faisant référence à l'avancée d'Israël dans le pays promis. Devant l'entêtement de leur roi, il finit par détruire ce peuple avec l'aval de l'Eternel à qui il fit le vœu d'offrir en holocauste la première personne qui sortirait de chez lui pour saluer son retour victorieux : sa fille unique fut sacrifiée (11 à 13). Il y eut encore une guerre fratricide entre Ephraïm et les Galaadites, les premiers étant vexés parce que leurs frères ne les avaient pas conviés à leur campagne contre les Ammonites. Jephté fut Juge durant six ans (12).

- Ibstan de Bethléem : sept ans (12).

- Elôm de Zabulon : dix ans (12).

- Abdôn, Piratonite : huit ans (12).

- Sanson, de la tribu de Dan : sa naissance coïncidait à une nouvelle occupation de quarante ans de la part des Philistins, due à la désobéissance. Sa mère était stérile, mais un ange lui annonça sa grossesse future et s'adressa aussi au mari : le miracle s'accomplit (13). Adulte, malgré l'avis défavorable de ses parents, il épousa une femme Philistine. Cela se retourna contre lui car elle le trahit lors d'une énigme posée à ses compatriotes par Samson. Elle fut donnée à son compagnon par son beau-père (14). Voulant la récupérer, il se vit barrer la route. Des vengeances se croisaient : Samson brûla les récoltes des Philistins et ceux-ci immolèrent son épouse et son père. Ces derniers, après avoir été battus par le premier, prirent position face à Juda, leur demandant de livrer Samson. Délié miraculeusement, il tua mille Philistins avec le crâne d'un âne. Parce que Sanson était assoiffé après cet exploit, Dieu fendit un rocher pour lui donner à boire. Il fut Juge durant vingt ans (15).

Une autre histoire, qui causera sa perte, le concerne encore : Samson se rendit à Gaza et après avoir déjoué un piège, il se laissa séduire par Dalila, embauchée par les Philistins qui cherchaient à connaître l'origine de sa grande force : Sanson lui donna à trois reprises des informations erronées. Pas découragée, elle insista jour après jour jusqu'à ce qu'il lui confia son secret : ses cheveux. Par ruse, elle le fit raser, ce qui annihila sa force, et elle toucha une récompense. Les Philistins le firent prisonnier et lui crevèrent les yeux avant de l'enfermer. Mais ses cheveux repoussèrent et, comme il devait divertir ses ennemis dans leur temple, avec la puissance surnaturelle retrouvée, il ébranla les deux colonnes principales, tuant un très grand nombre de personnes tout en y perdant la vie (16).

Quelques faits contemporains aux Juges :

Après cette énumération des Juges, l'auteur nous narre quelques histoires survenues durant cette même période et qui ont un point commun, l'absence de roi : le sanctuaire privé de Mika et le sacrificateur lévite prouvent la zizanie qui régnait à certains moments (17) : la tribu de Dan, conseillée par ce jeune Lévite, l'enleva et vola les objets de culte de Mika, puis anéantit Laïch, peuple pacifique (18).

L'autre mésaventure est l'outrage fait à la concubine judéenne d'un Lévite d'Ephraïm, allant jusqu'à la mort, tant elle fut abusée par des Benjaminites. Son mari découpa la dépouille en douze morceaux et les envoya dans toutes les directions en Israël (19), ce qui provoqua le rassemblement des familles d'Israël qui entrèrent en campagne, selon la volonté de l'Eternel, et massacrèrent la quasi-totalité des Benjaminites après avoir subi de cuisantes défaites (20). Cette guerre fratricide amena le repentir des tribus d'Israël conscientes d'avoir retranché une des leurs : le problème était que, pour restaurer celle-ci, il eût fallu que les filles d'autres familles s'unissent aux

Benjaminites, ce qui serait allé à l'encontre du serment fait par tous. Ils décidèrent donc d'entrer en guerre avec Yabech en Galaad pour ne laisser en vie que les quatre cents filles vierges afin de les offrir aux survivants benjaminites retranchés au rocher de Rimmon. Les autres femmes furent enlevées à Silo par les Benjaminites eux-mêmes : c'est ainsi que fut restaurée la tribu de Benjamin et que s'achève le livre des Juges (21).

Cet ouvrage contient donc sept éloignements et désobéissances à Dieu, sept périodes de servitudes (Mésopotamie, 8 ans ; Moab, 18 ans ; Canaan, 20 ans ; Madian, 7 ans ; Ammonites, 17 ans ; Philistins, 18 et 40 ans) et sept délivrances.

Au total, quatorze Juges sont répertoriés dont une seule femme, Déborah.

Ce naufrage moral se rapproche des exhortations de Paul à Timothée dans sa seconde épître.

Le principe de vases communicants entre désobéissances et souffrances, obéissances et rétablissements est omniprésent.

Le compromis est toujours source de difficultés futures.

c. Ruth ou l'abnégation récompensée :

La trilogie des livres sur l'époque théocratique se termine par celui de Ruth. L'auteur n'en est pas connu, mais certains supposent qu'il s'agirait de Samuel et d'autres d'un écrivain du cinquième siècle ACN, au vu du style et du vocabulaire utilisés.

Cette histoire s'insère en tout état de cause durant la période des Juges, aux environs du 11ème siècle ACN (1.1).

Il est aussi un des livres les plus courts de la Parole puisqu'il ne compte que 85 versets et, avec celui d'Esther, il est l'un des deux écrits ayant comme personnage central une femme.

L'abnégation :

C'est sur un ton dramatique que le récit débute : un Juif de Bethléem à Juda, poussé par la famine, s'en alla habiter à Moab avec sa femme et ses deux fils. Ceux-ci épousèrent des jeunes filles de leur pays d'accueil : Orpa et Ruth. Les trois hommes décédèrent sans laisser de descendance et la maman, Noémie, ayant appris que la famine était jugulée, décida de retourner à Juda en libérant ses belles-filles. Orpa finit par accepter, mais Ruth insista pour la suivre et elles rentrèrent toutes deux chez Noémie (1).

La fidélité récompensée :

Courageuse à souhait, Ruth rencontra la faveur de Booz, homme riche et de la même souche familiale que son feu beau-père, qui lui fit grâce et lui permit de s'intégrer à ses servantes afin qu'elle récoltât de la nourriture pour elle et sa belle-mère (2).

Sur les conseils de celle-ci, elle s'en alla vers Booz afin qu'il la rachetât selon les règles, lui, parent de son mari décédé : celui-ci respecta Ruth et s'engagea à ce que tout se fît selon les règles car un autre avait devoir de rachat avant lui. Il fit donc le nécessaire. Suite au désistement officiel de cet ayant droit, Booz racheta l'entièreté de l'héritage, en ce compris Ruth, assurant également la descendance par la naissance d'un fils que Noémie éleva. Il s'appelait Obed et est l'aïeul de David (4).

Il faut souligner le fait que les attelages disparates sont intrinsèquement déconseillés, si pas interdits, dans la plupart des instructions divines. Or, nous voyons ici une exception de taille puisqu'une étrangère obtint les faveurs d'un Juif qui est un ancêtre du monarque David, et donc, du Messie à venir.

Il faut aussi remarquer que cette Moabite a eu un comportement exemplaire en s'intégrant parfaitement à son peuple d'adoption sans importer une quelconque pratique de sa nation d'origine. Elle a même été jusqu'à faire appel aux lois juives du rachat (Lv 25.23-25 ; 47-49) et du Lévirat (Dt 25.5-10). C'est donc une histoire enthousiasmante puisque partant d'un début sombre, elle s'achève en triomphe.

Pour le chrétien, c'est l'apologie de la fidélité et de la foi en mourant à soi-même pour servir Christ et nos frères.

D. La Monarchie :

Pour le lecteur peu aguerri de la Bible, nous allons aborder une phase compliquée par le fait que les Livres s'imbriquent les uns dans les autres. Par exemple, si le second ouvrage de Samuel et le premier livre des Rois se complètent parfaitement, le règne de David étant décrit dans le premier pour sa majeure partie et dans le second pour la fin, nous nous apercevrons très vite que le premier Livre des Chroniques, à partir de son dixième chapitre revient sur ce souverain en narrant certains événements déjà illustrés par Samuel, mais aussi en complétant ceux-ci, faisant en fait chevaucher le récit sur les deux premiers cités.

Des références seront données afin d'y voir plus clair, tout comme une vue d'ensemble des textes sur les figures 5 et 6.

a. 1 Samuel ou la fin des Juges et l'établissement de la Monarchie :

Cet ouvrage, dont la rédaction est parfois attribuée à Samuel, marque une transition dans l'histoire d'Israël. En effet, la période des Juges touche à sa fin pour faire place à celle de la monarchie : les faits relatés au travers des deux livres couvrent une période d'un siècle (environ 1075 à 975 ACN), soit de Josué à la mort de David.

Si les deux ouvrages concernant les Règnes (selon la Bible Septante qui regroupe ainsi 1 et 2 Samuel et 1 et 2 Rois) portent le nom du prophète, c'est parce que ce dernier a joué un rôle prépondérant dans l'instauration de la royauté réclamée par le peuple.

Eli et Samuel :

La première partie nous raconte la foi qu'Anne avait en l'Eternel : stérile, elle Le supplia afin d'enfanter un fils qu'elle Lui consacrerait. Eli, le grand sacrificateur, l'ayant d'abord méprisée parce qu'il la croyait soûle, la bénit ensuite, avec comme conséquence la naissance de Samuel (1). Heureuse, celle-ci adressa un cantique à l'Eternel et Lui consacra son bien-aimé, dès après son sevrage, selon sa promesse. Samuel resta donc au service d'Eli. Anne et son époux Elqana en furent remerciés par d'autres enfants (2).

Le sacrificateur Eli avait deux fils désobéissants dont il n'osait se rendre maître, au contraire de Samuel, fidèle et courageux. La sentence de malédiction tomba sur Eli et sa descendance (2). Alors que l'Eternel faisait souvent silence à cette époque, Samuel reçut de sa part une vision concernant Ses plans pour Eli et ses fils qu'il répéta à son maître insistant. A partir de ce moment, c'est à Samuel que Dieu s'adressait à Silo et tout Israël le reconnaissait (3).

Les Philistins firent campagne et Israël sortit pour combattre. Essuyant un premier échec, il fut décidé d'aller chercher l'Arche de l'alliance à Silo pour la placer dans le camp à la plus grande joie des combattants : cette démarche effraya l'ennemi. Malgré leur peur, ils combattirent et vainquirent Israël, enlevant l'arche et tuant les deux fils d'Eli. Ce dernier, à l'annonce de ce qui s'était passé, tomba en arrière et mourut : il avait été juge durant quarante ans (4).

L'Arche fut donc emportée par les Philistins pour être placée dans un temple païen. Mais des événements troublants poussèrent les sacrificateurs à la déplacer à Gath, avec une nouvelle intervention effrayante de Dieu. La crainte s'empara des Philistins et la population d'Ekron, nouvelle ville désignée pour accueillir l'Arche, voulut la renvoyer en Israël car l'Eternel les frappait aussi (5). Au bout de sept mois, harassés et craignant de subir le même sort que les Egyptiens qui s'étaient entêtés, ils décidèrent de s'en référer au hasard en attelant des vaches à un char et en y plaçant l'arche : la voie du retour fut prise par les bêtes. L'arche fut installée à Beth-Chémèch, mais ce ne fut pas agréé par Dieu : ils résolurent donc d'appeler les habitants de Qiryath-Yerarim (6).

L'arche y demeurait depuis vingt ans et les Israélites implorèrent l'Eternel qui, par l'intermédiaire de Samuel, leur demanda de purifier le territoire des idoles. Une assemblée fut ordonnée à Mitspa afin que Samuel prie en faveur du peuple, ce qui provoqua une réaction hostile de la part des Philistins. Attaquant durant la prière, Dieu les mit en déroute et les hommes d'Israël les poursuivirent pour les vaincre définitivement. La paix fut également instaurée avec les Amoréens.

Samuel fut juge d'Israël jusqu'à sa mort (7).

<u>Institution de la Royauté :</u>

A l'approche de sa mort, Samuel établit ses fils, Joël et Abiya, en tant que juges à Beér-Chéba, mais ceux-ci étaient iniques. C'est pour cette raison que les anciens demandèrent à Samuel de nommer un roi sur Israël. Cette requête sonnait le glas de la théocratie : Samuel les mit vainement en garde contre cette volonté irréfléchie, mais l'Eternel acquiesça (8).

Saül, de la tribu de Benjamin, était à la recherche des ânesses de son père quand il arriva dans la ville où était présent Samuel. Son serviteur l'encouragea à aller consulter le prophète, mais celui-ci vint à leur rencontre, prévenu par Dieu qu'il devait l'oindre comme futur roi (9). Il passa à l'action et annonça à Saül ce qui allait se passer et la transformation qu'il allait subir : le cœur de l'élu changea et il prophétisait au grand étonnement de son oncle et des autres. Samuel convoqua tout Israël et présenta Saül en tant que roi, à la satisfaction de beaucoup (10).

Les Ammonites entreprirent d'attaquer Yabech qui obtint un sursis de sept jours pour appeler du secours : cela parvint aux oreilles de Saül qui se mit en colère et emmena tout Israël pour les secourir en défaisant leurs rivaux, épargnant exceptionnellement les rescapés du combat. C'est ce moment que Samuel choisit pour abandonner le principe des Juges et nommer un Roi sur Israël tout en remémorant les diverses étapes du peuple juif depuis Moïse, en soulignant sa justice dans sa fonction de Juge et en prévenant des conséquences de l'obéissance et de la désobéissance (11 et 12).

Monarque depuis deux ans, Saül entra en campagne contre les Philistins en battant une de leur garnison. Révoltés, ceux-ci se mirent en ordre de bataille, ce qui eût pour effet d'effrayer les Israélites : Saül attendait l'arrivée de Samuel à Guilgal afin d'offrir un holocauste et de recevoir les ordres divins. Celui-ci tardant et nombre de ses soldats désertant, Saül réalisa le sacrifice lui-même, peu avant que Samuel arrive. Celui-ci le lui reprocha et lui annonça la perte future de son trône au profit d'un autre oint (13).

Sans mot dire, Jonathan, fils de Saül, alla un jour attaquer un poste philistin avec son serviteur, au point de produire la débandade et de se voir soutenu par tout Israël jusqu'à la victoire. Ayant désobéi à un vœu fait à l'Eternel de jeûner jusqu'à la défaite complète de l'ennemi, Jonathan fut condamné à mort par son père, mais le peuple s'y opposa. Cette conquête ne fut que la première d'une longue série (14).

Samuel indiqua à Saül de monter contre Amalec et de tout détruire. Saül s'exécuta, mais épargna Agag, leur roi et du bétail de qualité :

l'Eternel décida de le rejeter comme roi et Samuel s'écarta définitivement de lui après avoir tué Agag (15) !

Le prophète se vit alors confier une autre mission : oindre un des fils d'Isaïe, de Bethlehem, comme prochain roi d'Israël. Tous défilèrent devant Samuel, mais aucun n'était l'heureux élu. Restait David qu'Isaïe envoya chercher : Samuel l'oignit selon l'instruction de Dieu. Dans le même temps, un mauvais esprit vint tourmenter Saül. Ses conseillers lui indiquèrent de trouver un harpiste pour l'éloigner chaque fois que nécessaire : David fut invité et adopté en tant que porteur d'armes (16).

Une nouvelle guerre contre les Philistins s'engagea : le héros de ceux-ci était un géant, Goliath, qui apeurait toute l'armée de Saül. Ce monstre ayant lancé un défi, c'est finalement David, venu ravitailler ses frères, qui le tua et reçut les honneurs du roi. Il est à noter que la fin du chapitre semble montrer que Saül ne reconnaissait pas David à ce moment alors qu'au chapitre précédent, il l'avait engagé comme porteur d'armes. Cette incohérence démontre sans doute qu'il était touché de démence. En tout cas, à cette époque, David ne le suivait pas à la guerre (17).

Une grande amitié naquit entre Jonathan et David qui était devenu un chef de guerre au service de Saül. Mais ce dernier fut jaloux du succès populaire de son lieutenant et harpiste : il projeta de le tuer, mais sans succès. Aussi il décida de l'éloigner de lui, mais la popularité restait l'apanage de David. Pour éviter l'ire du peuple et quand même se débarrasser de lui, Saül lui offrit par deux fois une de ses filles en mariage, ne réclamant en dot que cent prépuces de Philistins, espérant ainsi qu'il se ferait tuer durant sa quête : il épousa Mikal et continua à emporter toutes ses batailles (18).

Saül cherchait encore à piéger David et en parla à Jonathan qui avertit son frère de sang. Malgré la promesse faite à son fils de lui laisser la vie sauve, Saül tenta de nouveau de tuer David qui s'enfuit de nuit, grâce à son épouse Mikal, pour rejoindre Samuel à Rama.

Les émissaires envoyés par Saül, lui-même ensuite, furent empêchés de lui nuire par l'action de l'Esprit (19).

David rejoignit ensuite Jonathan pour en connaître un peu plus sur les desseins de son beau-père et celui-ci lui fit allégeance par serment (20). David s'enfuit donc, passant à Nob, puis allant rejoindre le roi de Gath où, par crainte, il se fit passer pour fou (21). Sain et sauf, il se rendit alors dans la grotte d'Abboulam pour s'y réfugier. Il y rassembla une armée de fuyards d'origines diverses et confia ses parents au roi de Moab avant de revenir à Juda selon les ordres du prophète Gad. Prévenu du soutien du sacrificateur Abimélek à son ennemi, Saül le fit tuer avec tous ses proches. Seul un de ses fils, Abiatar, échappa au châtiment et rejoignit David (22).

Les Philistins attaquèrent la ville de Qeïla : avec l'accord de l'Eternel, David les délivra. Saül en fut averti et il se lança à sa poursuite, mais y renonça car Dieu avait prévenu David et celui-ci s'était déjà réfugié dans le désert. Jonathan le rejoignit et ils firent une nouvelle alliance devant l'Eternel. Une fois le fils du Roi reparti, des Ziphiens vinrent trahir David auprès du Monarque. Mais il en fut aussi averti et demeura dans le désert de Maôn où il était descendu : Saül s'y rendit et était sur le point de l'encercler quand il fut rappelé parce que les Philistins attaquaient le pays (23). Une fois la poursuite des Philistins achevée, Saül retourna dans le désert d'Eyn-Guédi où David s'était réfugié. Ce dernier aurait pu tuer son roi, mais il s'abstint car il avait été oint par Dieu. Saül lui confessa enfin qu'il serait un roi plus juste que lui et obtint que David sauvegarde sa descendance (24).

Survint la mort de Samuel : on lui offrit des funérailles nationales. David descendit au désert de Parân et envoya de jeunes émissaires demander des vivres à Nabal, riche propriétaire dont les bergers avaient côtoyé sereinement David. Ce fut une fin de non-recevoir. Grâce à la sagesse de son épouse, Abigaïl, le massacre fut évité, mais l'Eternel frappa de mort Nabal et David épousa Abigaïl (25).

Les Ziphiens trahirent à nouveau David en dénonçant sa planque. Celui-ci, prévenu et accompagné d'Abichai, investit le camp de Saül, mais lui laissa la vie sauve une seconde fois. Saül abandonna la poursuite en bénissant David (26).

Connaissant l'obstination et l'humeur changeante de son roi, David décida de quitter Israël pour aller vivre chez les Philistins : il reçut une ville où s'installer, Tsiqlag, de la part d'Akich, roi de Gath. Il y demeura plus d'un an et fit régulièrement des incursions dans les peuplades voisines massacrant tout le monde (27).

Les Philistins, avec David, décidèrent de partir à nouveau en guerre contre Israël. Paniqué, Saül ne reçut aucune réponse de l'Eternel : il se déguisa et se rendit alors chez une femme qui évoquait les morts. Samuel apparut et prononça la sentence consécutive à sa désobéissance (28). Entre-temps, les ducs Philistins refusèrent de se battre aux côtés des Hébreux de David qui furent renvoyés dans leurs foyers (29). En arrivant à Tsilacq, David découvrit que les Amalécites avaient pillé sa ville et emmené les habitants, y compris ses deux épouses. Tous, David et ses guerriers, étaient très affligés et, ayant consulté l'Eternel, ils se lancèrent à leur poursuite, les rattrapèrent, grâce aux indications d'un esclave égyptien abandonné par eux, et les exterminèrent (30).

Les Philistins étaient toujours en guerre contre Israël. Débordé et en fuite, Saül se suicida après que ses trois fils, Jonathan, Abinidab et Malkichoua aient été tués au combat. Le corps du roi fut décapité puis exposé par les Philistins, mais les Israélites vinrent le reprendre pour l'ensevelir (31).

C'est ainsi que s'achève le premier livre de Samuel.

b. 2 Samuel ou le règne de David :

Le second livre débute par le retour de David de son expédition contre Amalec. Un émissaire amalécite lui annonça le décès de Saül et Jonathan, précisant que c'était lui qui avait achevé le roi à sa demande. David le fit exécuter puis porta le deuil avec ses compagnons (1).

Le Royaume divisé :

Avec l'assentiment de l'Eternel, David monta à Juda, plus précisément à Hébron, pour y être couronné, mais Abner, bras droit de Saül, établit Ich-Bochet, fils du souverain décédé, roi sur le reste des tribus d'Israël. Il en fut ainsi durant sept ans et demi.

Une bataille rude s'engagea entre les deux royaumes, Abner dirigeant les Israéliens et Joab, les hommes de David : ce fut ces derniers qui l'emportèrent. A la poursuite d'Abner, Asaël, frère de Joab et Abichai, fut tué (2). Renonçant à la poursuite ce jour-là, la guerre perdura encore très longtemps entre eux.

Durant ce temps, David eût six enfants à Hébron. Abner, en froid avec son roi, proposa une alliance, le prix de celle-ci étant le retour de Mikal, fille de Saül, dans son foyer. Abner était donc en paix lorsque Joab, de retour de campagne et, n'approuvant pas cette décision, l'assassina, avec l'aide d'Abichai, par vengeance pour leur frère Asaël. David maudit Joab et sa famille et fit porter le deuil : Israël dédouana la responsabilité du roi de Juda (3).

La perte du grand stratège entraîna la peur dans tout Israël et son roi fut sans force. Il fut assassiné par deux chefs de bande benjaminites qui apportèrent sa tête à David : il les fit exécuter (4).

Le Royaume unifié :

Plus rien ne s'opposait à la réunification des deux royaumes : David y régna trente-trois ans. Il prit Jérusalem et en fit sa cité. Son règne s'affermissait sous la coupe de l'Eternel et le nombre de ses concubines et enfants augmentait. Il battit à plusieurs reprises les Philistins (5).

David décida de déplacer avec faste l'arche de l'alliance de Baalé-Juda. Malheureusement, Houzza toucha instinctivement l'arche et mourut. David interrompit le voyage et laissa l'arche à Gath, où le bénéficiaire fut béni. Informé de cela, il décida de lui faire reprendre la route jusqu'à Jérusalem. Enthousiaste, David dansait : ceci lui valut le mépris de Mikal qui demeura stérile (6).

La promesse de Dieu fut assurée pour la descendance royale de David, mais le projet de construction d'un temple qu'il avait à cœur fut reporté sur son successeur (7).

Suivent une série de victoires retentissantes sur les Philistins, les Moabites, Tsoba, les Syriens, les Ammonites et Amalec. David nomma des hauts responsables (8). Il recueillit et honora également le fils infirme de son ami Jonathan (9). Suite à un outrage subi par les émissaires syriens, Joab, toujours à la tête des troupes d'Israël, et son frère les défirent, mais les Syriens se rassemblèrent à nouveau et furent battus par David en personne (10).

Les fautes et leurs conséquences :

Vint le tour des Ammonites : Joab fut envoyé faire le siège de Raba, David demeurant à Jérusalem. Il tomba amoureux de Beth-Chéba et fit mourir au combat son mari Urie, fidèle serviteur, afin de s'accaparer sa maîtresse et de cacher sa grossesse : cela déplut à Yahvé (11). Le prophète Nathan fut envoyé pour faire part au roi du courroux divin et des malédictions qui suivraient. Parce qu'il fit repentance, David eut la vie sauve, mais le fils que Beth-Chéba enfanta mourut malgré un jeûne de repentance. Par la suite, il eût un autre fils avec cette épouse : Salomon. Entre temps, Joab investit Raba et David voua ce peuple à l'esclavage (12).

Un fils de David, Absalon, avait une sœur, Tamar ; un autre fils du roi, Amnon en tomba amoureux. Par ruse, il la viola. La rancœur poussa Absalon à faire assassiner Amnon par ses serviteurs deux ans plus tard : le méfait perpétré, il s'enfuit (13). Sous l'impulsion de Joab, David pardonna à son fils et le fit revenir (14).

Absalon résolut de prendre discrètement le pouvoir en détournant ceux qui venaient en audience chez le roi. Ayant reçu l'autorisation royale d'aller à Hébron pour rendre un culte à l'Eternel, il en profita pour rassembler de plus en plus de fidèles, au point de faire fuir David, accompagné de troupes fidèles, des Lévites et de l'arche de l'alliance ; seules dix concubines restèrent afin de garder sa maison. Par la suite, David ordonna à Tsadoq et Abiatar de ramener l'arche et de rester à Jérusalem, persuadé de pouvoir revenir si l'Eternel le lui permettait. Il y renvoya également Houchaï afin qu'il espionne et qu'il l'informe par le biais des fils des deux sacrificateurs (15).

La descendance de Saül se dressa aussi contre David, dont Mephibocheth et Chimeï. Conseillé par le traître Ahitophel, prophète de l'Eternel, Absalon coucha avec les concubines de son père (16).

Remplissant son rôle à merveille, Houchaï persuada Absalon, malgré la requête d'Ahitophel, de prendre la tête des troupes lancées à la poursuite de David. Il fit informer celui-ci des projets de l'ennemi, ce qui lui permit de se mettre à l'abri de l'autre côté du Jourdain. Ahitophel, vexé de ne pas être écouté, retourna chez lui pour se suicider. Absalon se lança à la poursuite de son père au-delà du Jourdain avec Amassa comme chef d'armée. David trouva refuge à Mahanaïm (17).

C'est là que se déroula la bataille, David, resté en arrière, dans la ville, à la demande de ses trois chefs de corps, Joab, Abichaï et Ittaï, leur demanda de ne pas violenter Absalon. La victoire fut pour les troupes de David. Absalon fut coincé dans un arbre et Joab, prévenu, le tua au mépris des ordres reçus. Averti de cela, David pleura son fils, ce qui déplut à Joab. Il pardonna encore à tous ses offenseurs et promis la place de Joab, chef des armées, à Amassa (18 et 19).

Suite à la révolte d'un Benjaminite appelé Chéba, Abichai, Joab et tous leurs hommes allèrent au combat. En chemin, ils rencontrèrent Amassa qui avait pris du retard et Joab le tua. Chéba s'étant réfugié dans la ville de Abel-Beth-Maka, sa dépouille fut livrée à Joab afin qu'il ne la détruisît pas (20).

Une famine de trois ans fit rage et David consulta l'Eternel qui parla d'une malédiction à cause du sang des Gabaonites versé par Saül et sa famille. En expiation, David livra sept descendants de Saül, épargnant Mephibocheth. Les restes de Saül, de Jonathan et des sept victimes furent enterrés dans le pays de Benjamin. Fatigué, David entreprit encore une guerre contre les Philistins, mais, sans le secours d'Abichai, il eût été tué. A partir de ce moment, il fut arrêté que David ne sortirait plus en campagne (21).

David entama un cantique à l'Eternel pour Le remercier de l'avoir délivré de ses ennemis (22). Les dernières paroles qu'il prononça sont transcrites en début de chapitre 23, suivies d'une énumération des hommes vaillants du roi.

Israël mit à nouveau l'Eternel en colère parce qu'il persuada David de faire un recensement. Celui-ci le confia à Joab qui était réticent. Après avoir reçu le rapport, David prit conscience de son péché et se repentit. En guise de punition, l'Eternel lui fit choisir, par l'intermédiaire du prophète Gad, un fléau parmi trois propositions : sept années de famine, trois mois de fuite ou trois jours de peste. La peste fit périr 70 000 hommes, mais Jérusalem fut épargnée. Pour mettre fin à ce fléau, il acheta le terrain de Aravna pour y dresser un autel et offrir des holocaustes.

Ainsi se termine le second livre de Samuel.

Les leçons spirituelles sont principalement les conséquences directes de la désobéissance et de l'obéissance (Eli, Saül et David), la repentance (David), le pardon (Mephibocheth), l'engouement au Réveil (Mitspa), l'humilité (Saül et David), la consécration (Samuel), la prophétie (Saül, Samuel et Nathan), la prière (Samuel), l'abandon de l'idolâtrie (Amalec), le courage et la foi en Dieu (David) ainsi que l'amitié et la fidélité (David et Jonathan).

c. 1 Rois ou la succession au trône :

Comme signalé dans le résumé précédant, ce récit débute à la fin du règne de David : la guerre de succession allait commencer.

Salomon :

Adoniya, un des fils de David, sut obtenir les faveurs de Joab et du sacrificateur Abiatar et se fit nommer roi à l'insu de son frère. Sous l'impulsion de Nathan, Bath-Chéba en référa à David qui fit le serment que la souveraineté reviendrait à Salomon. C'est le prophète Nathan et le sacrificateur Tsadoq qui lui donnèrent l'onction et le proclamèrent officiellement : les gens abandonnèrent Adoniya qui se réfugia dans le temple, avant d'être gracié par Salomon (1).

Juste avant de rendre l'âme, David donna ses dernières instructions à son successeur en lui conseillant de punir ceux qui avaient fautés contre lui durant son règne : Adoniya, Joab et Chimeï. Salomon fit exécuter les deux premiers, condamna à résidence le troisième en le menaçant de mort s'il quittait Jérusalem (ce qu'il fit plus tard) et exila le sacrificateur Abiatar. Tsadoq remplaça ce dernier et Benayahou prit le commandement de Joab (2).

Salomon épousa la fille du Pharaon d'Egypte. Répondant à l'Eternel qui lui proposait en songe de demander ce qu'il désirait, il réclama la sagesse et l'intelligence, ce qui Lui plut. Il prononça ainsi son premier jugement empreint de justice (3).

S'ensuit la liste des hauts fonctionnaires établis par le roi (4). Israël dominait sur tous les peuples de la région : ce fut un règne de paix et de prospérité. La réputation du monarque se répandait sur toute la terre. Il s'allia au roi de Tyr afin de préparer la construction du temple en allant chercher des cèdres du Liban (5).

La construction débuta la 422ème année après la sortie d'Egypte et elle dura sept ans (6). Il fit ériger son palais dans la foulée. Pour le temple, il fit fondre deux colonnes, la mer, dix bassins et les accessoires en bronze. Il y ajouta l'autel, la table, les chandeliers, les lampes et bien d'autres ustensiles en or. Enfin, il y déposa les trésors amassés par David et consacrés à la demande de l'Eternel (7).

L'arche de l'alliance y fut amenée en présence de tous les notables et du peuple pour être placée dans le Saint des Saints et Dieu s'y installa : Salomon pria et des sacrifices furent offerts (8). L'Eternel apparut alors pour la seconde fois à Son oint pour lui rappeler les conditions pour que sa descendance soit bénie. Salomon était un grand entrepreneur : il utilisait de la main d'œuvre étrangère, des esclaves de peuples conquis, mais jamais de serviteurs juifs (9).

La reine de Saba lui rendit visite pour l'éprouver par ses énigmes et fut abasourdie par ce qu'elle vit. Salomon possédait de très grandes richesses (10).

Mais il aimait épouser des femmes étrangères, malgré l'avertissement de Dieu : il se laissa entraîner aux cultes païens d'Astarté et de Milkom. Comme son père, il pécha : il construisit en face de Jérusalem des hauts lieux pour Kemoch et Moloch. L'Eternel prononça la division du royaume dévolu à son fils, mais seulement après sa mort. Dans la foulée, des ennemis se levèrent devant le roi : Hadad, un Edomite qui avait subi les outrages de David et Joab et qui avait trouvé refuge chez Pharaon ; le roi de Syrie, un autre adversaire redoutable ; et dans sa propre maison, Jéroboam, un de ses serviteurs, qui se réfugia en Egypte parce qu'il reçut du prophète Ahiya la promesse de régner sur dix morceaux d'Israël à la place de l'héritier légal et que Salomon cherchait à le faire mourir. Salomon mourut ainsi après quarante ans de règne : son fils Roboam lui succéda (11).

La division du Royaume :

Ayant convoqué tout Israël au moment d'être couronné roi, Roboam fut confronté à Jéroboam qui accompagnait l'assemblée. Devant leur demande d'alléger leur joug, Roboam, le cœur aveuglé par Dieu, répondit durement aux sollicitations : tout Israël, hormis Juda, se détourna du fils de Salomon et Yahvé refusa qu'ils entrassent en guerre pour rétablir l'unité. Ainsi, Jéroboam s'installa à Sichem, devint roi d'Israël, établit de faux dieux sur son pays et construisit un autel à Bethel afin que nul ne se rende à Jérusalem pour adorer. Ses sacrificateurs n'étaient pas des Lévites (12).

Une malédiction fut prononcée contre cet autel par un envoyé de Dieu et Jéroboam eût la main momentanément paralysée. Délivré par le prophète, il l'invita à partager sa table, ce que celui-ci refusa en obéissance aux ordres divins. Malheureusement, sur le chemin de retour, il fut trompé par un vieux prophète, enfreignit la règle et fut tué par un lion (13).

Le fils de Jéroboam étant malade, il envoya sa femme, déguisée, chez le prophète Ahiya afin de le consulter. Celui-ci en avait été averti divinement et prononça les paroles de malédiction contre Jéroboam et sa maison. Jéroboam mourut après vingt-deux ans de règne et fut remplacé par Nabab (14).

Durant ce temps, Roboam régna dix-sept ans sur la tribu de Juda qui vivait dans la désobéissance, bâtissant des hauts lieux voués aux idoles et s'adonnant à la prostitution. Les Egyptiens pillèrent Jérusalem et le temple. La guerre était permanente entre les deux peuples hébreux. Roboam mourut et son fils Abiyam monta sur le trône (14).

Successions décrites pour les deux royaumes :

- Abiyam, roi de Juda : trois ans de règne et de désobéissance (15)

- Asa, roi de Juda : durant quarante et un ans, il purifia Juda et enleva le titre royal à sa mère idolâtre. En guerre contre Baécha, roi d'Israël, il fit alliance avec le roi de Syrie pour desserrer l'étreinte autour de Juda (15).

- Nabab, roi d'Israël : pratiquant l'abomination durant deux ans, il fut finalement assassiné par Baécha qui extermina la descendance de Jéroboam (15).

- Baécha, roi d'Israël : il imita Jéroboam et fut maudit par l'intermédiaire du prophète Jéhu (15 et 16).

- Ela, roi d'Israël : alcoolique, il fut assassiné par Zimri, son serviteur qui extermina également la descendance de Baécha (16).

- Zimri, roi d'Israël : pécheur également, il ne régna que sept jours car Israël ne le reconnut pas. Il incendia le palais dans lequel il s'était retranché et il y mourut (16).

- Omri, roi d'Israël : choisi par le peuple contre Zimri, il déplaça sa capitale à Samarie à la moitié de son règne de douze ans. Il n'obéissait pas à l'Eternel.

- Achab, roi d'Israël : il succéda à son père et agit de manière encore pire que ses prédécesseurs. Il épousa Jézabel, fille du roi de Sidonie, et se prosterna devant Baal, lui élevant un autel et lui érigeant un temple à Samarie. Il adora également Achéra.

La colère de l'Eternel était à son comble (16). C'est à ce moment qu'est relatée l'histoire d'Elie.

L'histoire d'Elie, le prophète :

Selon les instructions de Dieu, le prophète se rendit dans une vallée à l'est, près du torrent de Kerith : il était ravitaillé par des corbeaux. Une fois la sécheresse arrivée, l'Eternel le dirigea vers une veuve qui l'accueillit et lui donna ses maigres réserves ; elle en fut largement récompensée : des vivres inépuisables et la résurrection de son fils (17).

Plus tard, Elie était en chemin pour aller se présenter devant Achab, tandis que la famine faisait rage. Il rencontra un des serviteurs du roi, - Abdias, craignant Dieu et ayant sauvé beaucoup de prophètes des griffes de Jézabel -, qui cherchait de l'eau, Achab ayant emprunté un autre chemin. Elie lui demanda d'aller annoncer sa venue, ce qu'il fit non sans réticence. Achab vint au-devant d'Elie qui lança, seul, un défi contre les quatre cent cinquante prophètes de Baal sur le mont Carmel : la pluie tomba sous son impulsion et ses concurrents, incapables d'en faire autant, furent égorgés (18).

Achab relata ces faits à Jézabel qui menaça Elie de mort. Il s'enfuit à Beér-Chéba en Juda et ensuite au désert. Dépité, il déprima, mais Dieu intervint à plusieurs reprises et lui donna de nouvelles instructions : oindre Hazaël, comme roi de Syrie, Jéhu, en tant que roi de Juda et Elisée pour lui succéder. Ces trois élus seraient la main vengeresse de l'Eternel qui promit d'épargner sept mille fidèles ayant rejeté l'idolâtrie. Elie s'exécuta (19).

Suite du règne d'Achab et d'autres :

La suite concerne à nouveau les actes d'Achab. Il remporta une victoire sur le roi d'Assyrie, Ben-Hadad qui l'assiégeait. Un prophète qui avait annoncé ce résultat lui conseilla également de se fortifier car les Syriens reviendraient l'année suivante. Ce fut le cas : de nouveau, Achab fut béni et, à la demande des Syriens, il conclut une alliance de paix, désobéissant à Yahvé (20).

Achab voulait acquérir une vigne appartenant à Naboth. Essuyant un refus, il « déprima » tel un enfant gâté à qui l'on refuse un jouet ; sa femme Jézabel monta une conspiration contre l'impudent qui fut lapidé. Elie leur apporta la sentence divine : une mort horrible pour le couple et une descendance éradiquée (21).

L'alliance de paix avec la Syrie dura trois ans. Josaphat, roi de Juda, se joignit à Achab, roi d'Israël pour faire campagne contre les Syriens. A la demande du Judéen, l'Israélien fit venir le prophète Michée afin de consulter l'Eternel. Alors que tous les autres annonçaient une victoire retentissante, Michée prononça des paroles de défaite. Achab le fit jeter en prison. Les deux rois désobéirent, celui d'Israël se déguisant pour aller au combat. La ruse ne prit pas, les Syriens se rendant compte que le seul roi visible n'était pas Achab. Ce dernier fut touché par une flèche lancée au hasard et mourut (22).

- Josaphat, roi de Juda : comme son père, il continua à craindre l'Eternel, mais ne détruisit pas les hauts lieux païens bien qu'il eût chassé les prostituées. Il vécut en paix avec Israël (22).

- Ahazia, roi d'Israël : insoumis à Dieu, il compléta l'œuvre de ses prédécesseurs dans l'idolâtrie (22).

Le premier Livre des Rois s'achève durant ce règne, le second débutant par la continuité de celui-ci.

d. <u>2 Rois ou la suite du déclin :</u>

Ahazia s'étant blessé, il envoya ses serviteurs vers des prophètes d'Ekron pour savoir s'il survivrait. Elie les intercepta et leur annonça sa mort prochaine. Averti, Ahazia envoya des soldats contre Elie : les deux premiers groupes furent anéantis par le feu, mais Elie accepta de suivre les troisièmes émissaires et répéta la sentence divine due à la désobéissance du roi. Celui-ci mourut effectivement (1).

<u>Elisée, le prophète :</u>

Elie et Elisée étaient en chemin lorsque le premier fut enlevé aux cieux par l'Eternel près de Jéricho. Avant son départ, Elisée avait demandé à recevoir une double part de l'esprit de son mentor. Il ramassa le manteau d'Elie et fit s'écarter les eaux comme son maître l'avait fait peu auparavant, signe de la succession spirituelle acquise (2).

- Yoram, roi d'Israël : il vécut dans des voies d'égarement, mais moins graves que ses parents. Face à une révolte des Moabites, il s'allia à Josaphat et au roi d'Edom. Comme le souverain de Juda demandait à rencontrer un prophète, ils se rendirent auprès d'Elisée. Méprisant le roi d'Israël, Elisée accepta de prophétiser à cause de la présence de Josaphat : Moab leur serait livré. Ce fut le cas et le roi de Moab sacrifia son fils aîné sur la muraille de sa ville, ce qui répugna les Israélites qui rentrèrent chez eux (3).

Plusieurs hauts faits d'Elisée sont relatés : le miracle de l'huile ; la naissance miraculeuse du fils d'une Sunamite et la résurrection de celui-ci ; la purification d'une marmite de potage ; la multiplication des pains (4) ; une cognée de fer qui surnagea (6). Vint la guérison de la lèpre du chef Syrien Naaman qu'Elisée envoya se laver sept fois dans le Jourdain. Elisée refusant tout présent de remerciement, son serviteur désobéit et reçut deux talents : la malédiction de la lèpre tomba sur lui et sa descendance (5).

La guerre faisait rage avec les Syriens, mais Elisée déjoua les pièges tendus en frappant les ennemis d'aveuglement. Cela n'empêcha pas le roi syrien d'encercler Samarie et de l'affamer. Contrairement aux projets du roi d'Israël et de son écuyer, Elisée fut sauvegardé et annonça la victoire et le rassasiement prochains : c'est par quatre lépreux que tout arriva (6 et 7).

Elisée prévint ensuite d'une famine de sept ans : la Sunamite, dont il avait ressuscité le fils, s'absenta durant cette période, mais le roi lui rendit tous ses droits à son retour, reconnaissant les hauts faits d'Elisée (8). Enfin, Elisée eût la vision de Hazaël devenant un roi sanguinaire : celui-ci se montra à la hauteur puisqu'il assassina son souverain très peu de temps après afin de régner à sa place (8).

<u>Suite du déclin spirituel et fin du Royaume d'Israël :</u>

- Yoram, roi de Juda : il épousa une fille d'Achab, roi défunt d'Israël et se comporta comme lui. Mais l'Eternel préserva tout de même Juda, à cause de David. Yoram fit face à la révolte permanente d'Edom (8).

- Ahazia, roi de Juda : digne successeur de son père, il persévéra dans les mêmes errements, étant lui aussi parent par alliance d'Israël. Il fit campagne contre Hazaël, roi de Syrie avec son alter ego, Yoram. Ce dernier fut grièvement blessé. Retourné pour être soigné, Ahazia se rendit à son chevet. Elisée envoya un prophète pour donner l'onction à Jéhu, fils de Josaphat et de Nimphi, comme roi d'Israël (8)

- Jéhu, roi d'Israël : plébiscité par les chefs de guerre, Jéhu suivit les instructions du prophète et s'en alla à Jizreél, où se trouvaient Yoram et Ahazia. Il les tua tous les deux. Ensuite, il extermina Jézabel, dont le corps fut dévoré par les chiens, et toute la descendance d'Achab en se faisant envoyer leur tête par les anciens de chaque ville. Les proches furent également éliminés. Ayant fait rassembler tous les prophètes de Baal par ruse, il les fit massacrer et détruisit tout ce qui servait à l'adoration païenne (9 et 10). Malheureusement, il maintint les veaux d'or de Jéroboam et commit les mêmes péchés que lui. Israël devait faire face à l'invasion progressive de son territoire (10).

- Athalie, reine de Juda : apprenant la mort d'Ahazia, son fils, elle supprima toute la descendance royale, à l'exception de Joas, un de ses petits-fils caché par sa sœur Yehochéba dans le temple. Après six ans, Le sacrificateur Jehoyada se rallia les Keriens et les coureurs et proclama Joas roi. Athalie, criant à la conspiration, fut mise à mort. Le culte de Baal fut éradiqué et une nouvelle alliance avec Dieu fut proclamée (11)

- Joas, roi de Juda : il obéit à l'Eternel, sans toutefois supprimer tous les lieux d'idolâtrie. Malgré tout, il veilla à faire restaurer le temple. Menacé par Hazaël, roi de Syrie, Joas lui fit parvenir toutes les choses consacrées à Yahvé par ses prédécesseurs et lui-même ; Hazaël s'écarta de Jérusalem. Joas fut assassiné par ses serviteurs à Beth-Milo. Son fils, Amatsia, lui succéda (12).

- Joachaz, roi d'Israël : fils de Jéhu, il trôna à Samarie, à l'image de Jéroboam. Les défaites répétitives contre Hazaël, roi de Syrie et contre son fils, Ben Hadad furent la punition de Dieu. Joachaz supplia l'Eternel qui fit libérer Israël de cette oppression, sans que le peuple s'écarte du mal. A sa mort, l'armée était réduite à peau de chagrin (13).

- Joas, roi d'Israël : il succéda à son père et maintint le même train de vie. Il fut en guerre contre Amatsia, roi de Juda (13).

C'est durant le règne de Joas, roi d'Israël, qu'Elisée mourut. A son chevet, il reçut l'instruction de lancer une flèche par la fenêtre et de frapper le sol : il ne le fit que trois fois, au lieu de cinq ou six. La prophétie serait donc de trois victoires contre les Syriens, mais sans toutefois les exterminer comme c'eût dû être le cas. Un miracle eut encore lieu après la mort d'Elisée : le cadavre d'un homme fut jeté sur les ossements du prophète et il revint à la vie. Comme prévu, Joas battit trois fois les Syriens et récupéra les villes perdues (13).

- Amatsia, roi de Juda : il continua sur la lignée de son père, en obéissance partielle. Il élimina les assassins de son père, épargnant leurs fils. Il battit les Edomites et déclara la guerre à Israël, malgré les propositions de paix de Joas. Juda fut battue et Amatsia emprisonné. Joas détruit une grande partie du mur de Jérusalem et pilla celle-ci. Quinze ans après la mort de Joas, roi d'Israël, Amatsia, en fuite suite à une conspiration, fut tué à Lakich. Azaria, son fils, prit sa place (14).

- Jéroboam II, roi d'Israël : malgré le fait que, comme ses prédécesseurs, il vécut en abomination à l'Eternel, il trouva grâce à Ses yeux car le pays était fortement opprimé et que sa disparition n'était pas planifiée. Il restaura donc les frontières d'Israël (14).

- Azaria ou Ozias, roi de Juda : il respecta Dieu mais ne fit pas disparaître les hauts lieux païens. De ce fait, il fut frappé par la lèpre jusqu'à sa mort. Vivant forcément isolé selon la Loi, c'est son fils, Yotam, qui fut régent avant de régner à la mort d'Azaria (15).

- Zacharie, roi d'Israël : il marcha dans les mauvaises voies des autres. Son fils Challoum l'assassina six mois à peine après son accession au trône et prit sa place (15).

- Challoum, roi d'Israël : son règne fut encore plus éphémère puisqu'un mois après avoir subtilisé la royauté à son père par le sang, il fut à son tour victime d'un conspirateur en la personne de Menahem (15).

- Menahem, roi d'Israël : rebelle à Dieu, il paya le roi d'Assyrie pour obtenir sa grâce et ce, en exploitant son peuple. Son fils lui succéda à son trépas (15).

- Peqahya, roi d'Israël : étant fidèle aux principes iniques des autres rois, il fut victime de son écuyer, Péqah, qui prit sa place (15).

- Péqah, roi d'Israël : il continua sur la lancée des souverains d'Israël précédents. Israël fut partiellement conquis par le roi d'Assyrie. Osée, fils d'Ela, conspira contre Péqah et l'élimina pour régner à sa place (15).

- Yotam, roi de Juda : il succéda à son père Ozias. Il continua à être favorable à Dieu, sans détruire les hauts lieux donnés aux idoles. Il fit bâtir la porte supérieure du temple. Durant son règne, les rois de Syrie et d'Israël se montrèrent de plus en plus menaçants (15).

- Ahaz, roi de Juda : succédant à son père, il marcha sur les voies de ses voisins israéliens, immolant même son fils en guise de sacrifice. Les rois de Syrie et d'Israël l'assiégèrent en vain. Il obtint le soutien du souverain d'Assyrie à qui il offrit les trésors du temple et de son palais : le Syrie fut battue et occupée par les nouveaux alliés d'Ahaz. Ce dernier fit copier l'autel de Damas par le sacrificateur Urie pour le placer dans le temple de Jérusalem, déplaçant ainsi l'autel de bronze d'origine pour le cantonner à un rôle secondaire. Il fit encore d'autres transformations qui plaisaient au roi d'Assyrie. A sa mort, son fils Ezéchias monta sur le trône (16).

- Osée, roi d'Israël : plus modéré que ses pairs, il ne marcha toutefois pas selon les voies de Dieu. Le roi d'Assyrie,

Salmanasar, l'assujettit. Mais, découvrant une conspiration orchestrée par Osée, l'Assyrien le fit emprisonner. Il assiégea ensuite Samarie et, après la victoire, il déporta Israël en Assyrie. C'était le châtiment de l'Eternel à cause de la rébellion permanente des tribus du Nord, malgré les nombreux rappels à l'ordre portés par la voix des prophètes (17).

<u>Le Royaume de Juda :</u>

C'est ainsi que disparut définitivement le royaume d'Israël, Juda restant la seule héritière de la promesse et ce, malgré ses propres désobéissances. Le roi d'Assyrie installa d'autres populations en Samarie, en remplacement des Israélites.

Ces peuplades ne connaissant pas les règles établies par Dieu, elles se faisaient dévorer par des lions : le roi fit installer un sacrificateur de Juda chargé de leur enseigner comment craindre Dieu. Ce fut en vain car chacun s'adonnait à ses croyances ancestrales en même temps que de servir l'Eternel (17).

A partir de ce moment, le second Livre des Rois ne décline évidemment plus que la lignée restante, celle de Juda.

- Ezéchias, roi de Juda : il purgea le pays des idoles et fut le plus obéissant de tous les rois de Juda. L'Eternel fut avec lui, ce qui lui permit de se libérer de l'assujettissement du roi d'Assyrie. Il conquit même le territoire des Philistins. C'est durant son règne qu'Israël fut définitivement déportée (18). La quatorzième année de son intronisation, le nouveau roi d'Assyrie envahit à nouveau Juda : Ezéchias paya un lourd tribut pour l'éloigner du royaume, mais le souverain assyrien envoya malgré tout une armée pour assiéger Jérusalem. Il tenta vainement de décourager les Judéens par une rhétorique osée, le peuple gardant le silence sur ordre de son chef. Ezéchias s'humilia et envoya ses proches collaborateurs auprès du prophète Esaïe. Celui-ci prophétisa le retour du roi assyrien dans son pays et sa mort. Comme les Ethiopiens s'étaient mis en marche contre lui, le roi assyrien fut l'obliger de repartir, non sans menacer Ezéchias qui invoqua l'Eternel répondant par Esaïe. Juda fut sauvé par un ange qui anéantit les troupes ennemies durant leur sommeil. Le roi d'Assyrie s'en retourna et fut assassiné dans son pays (19).

L'histoire relève qu'Ezéchias fut mortellement malade et Esaïe lui annonça son prochain trépas. Implorant l'Eternel, il obtint de Sa part une rémission de quinze années et un signe de la bénédiction divine, l'ombre reculant de dix degrés. En ce temps vinrent aussi lui rendre visite des Babyloniens qui purent apprécier toutes les richesses du roi : Esaïe prophétisa la déportation de ses descendants et la disparition des trésors au profit de Babylone (20).

- Manassé, roi de Juda : le fils d'Ezéchias fut malheureusement désobéissant envers l'Eternel, s'adonnant de plus belle à l'idolâtrie, immolant son fils, pratiquant la divination et l'occultisme, faisant couler le sang innocent et plaçant la statue d'Achéra dans le Saint des Saints. La sentence divine fut à la hauteur des perversions spirituelles : la promesse de la destruction du royaume de Juda (21).

- Amon, roi de Juda : fils de Manassé, il persévéra dans le mal et fut assassiné par ses serviteurs. Ceux-ci furent à leur tour exécutés par le peuple qui installa le fils d'Amon sur le trône (21).

- Josias, roi de Juda : il ne suivit pas les traces de son père et revint à l'Eternel. Il fit également restaurer le temple. Le livre de la Loi fut retrouvé lors des travaux. Humblement, il demanda à ses sacrificateurs d'aller auprès de la prophétesse Houlda afin de recevoir les directives divines. La réponse fut l'annonce d'un désastre, mais après la mort de Josias, épargné grâce à sa soumission spontanée (22). Fort de cette promesse, Josias entama des réformes sur base du livre de l'alliance et s'engagea à son tour dans une nouvelle alliance, faisant purifier le temple et brûler les objets étrangers, supprimant les prêtres nommés par ses prédécesseurs, ôtant et brûlant le poteau d'Achéra, blasphémant tous les autres hauts lieux, immolant les sacrificateurs païens et réalisant bien d'autres choses en l'honneur de l'Eternel. Enfin, il célébra la Pâque. Tous ces efforts ne firent pas ployer Dieu quant au châtiment qui devait tomber sur Juda. Josias mourut des mains des Egyptiens qui montaient vers le roi d'Assyrie (23).

- Yoahaz, roi de Juda : le fils de Josias, rebelle à l'Eternel, ne régna que trois mois pour ensuite être emprisonné par le Pharaon qui assujettit lourdement le peuple (23).

<u>Le joug babylonien sur Juda :</u>

- Yehoyaqim, roi de Juda : en réalité, il s'agissait d'Elyaquim, autre fils de Josias. Son nom fut changé par Pharaon qui le nomma à la place de Yoahaz. Il était aussi désobéissant à Dieu. Durant son règne, il dû faire face à de nombreux ennemis dont les Babyloniens, qui l'assujettirent trois années durant, les Chaldéens, les Syriens, les Moabites et les Ammonites, tous envoyés pour exécuter le jugement de Dieu. Durant cette période, l'empire babylonien s'étendit au point de confiner l'Egypte dans ses frontières (24).

- Yehoyakîn, roi de Juda : digne successeur de son père, il demeura dans la désobéissance et subit le siège des Babyloniens. Neboukadnetsar le fit prisonnier et pilla les trésors de Jérusalem. Tous les Israéliens en vue furent déportés à Babylone : seul le petit peuple demeura sur les terres de Juda. Le roi de Babylone mit sur le trône Mattania, l'oncle de Yehoyakîn, qu'il rebaptisa Sédécias (24).

- Sédécias, roi de Juda : comme ses prédécesseurs, il fit ce qui était mal aux yeux de l'Eternel. Bien qu'intronisé par

Neboukadnetsar, il se révolta contre lui : en représailles, celui-ci vint faire le siège de Jérusalem. Tentant de fuir de nuit, Sédécias fut poursuivi par les Chaldéens et ramené au roi de Babylone qui fit égorger ses enfants et lui creva les yeux avant de l'entraver pour le déporter (24 et 25).

Le Royaume de Juda prenait fin : le temple fut brûlé, les murailles de Jérusalem détruites et les bâtiments incendiés. Seule une petite partie du peuple resta sur les terres pour en retirer les fruits. Des sacrificateurs et des dignitaires furent arrêtés, conduits à Babylone et exécutés. Sur le reste, il établit Guedalia. Malgré un serment d'allégeance au roi de Babylone, Ismaël, de lignée royale judéenne, assassina Guedalia et ses proches. Les Juifs s'enfuirent en Egypte par peur des représailles (25).

Yehoyakîn, qui avait été déporté, entra dans les grâces d'Evil-Merodak, nouveau roi babylonien et fut honoré plus que les autres rois tout au long de sa vie (25).

Ainsi s'achève le second Livre des Rois.

Les leçons à retenir tournent principalement de tout ce qui est en abomination à l'Eternel et les conséquences qui découlent d'y sombrer : idolâtrie, séduction, traîtrise, ….

Notons également l'esprit de Jézabel, si souvent présent dans nos églises et nos familles.

Nous remarquerons au passage que en ce qui concerne Israël, le trône a constamment changé de famille à la suite de massacres sanguinaires, de ruses malsaines ou d'interventions d'envahisseurs étrangers, tandis qu'à Juda, la lignée de David est constante.

Figure 6 : De Salomon à la restauration de Juda

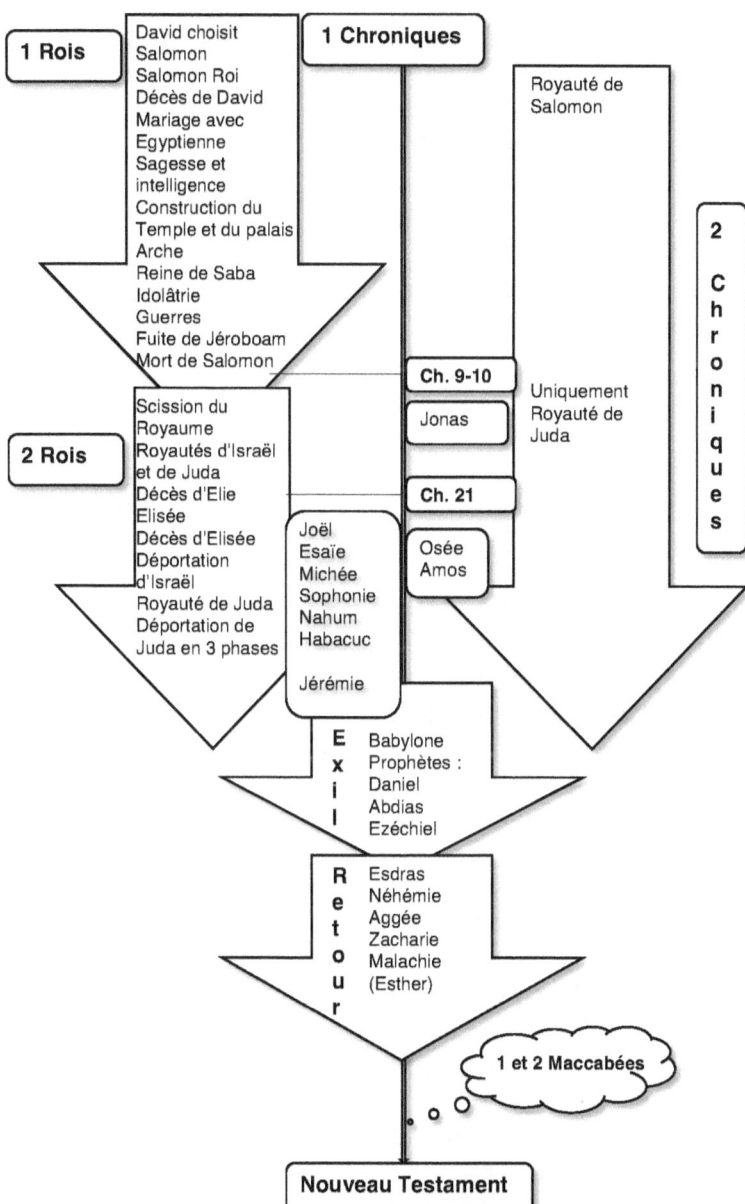

e. 1 Chroniques, la lignée judéenne et sacerdotale :

Le premier Livre des Chroniques couvre une très longue période puisqu'il débute à Adam pour s'achever à la mort de David. Son auteur reste inconnu, quoique certains semblent y reconnaître la plume du prophète Esdras.

Généalogie :

Les neuf premiers chapitres retracent l'arbre généalogique des ancêtres de David :

- D'Adam à Noé, puis de Sem à Abraham et sa descendance dont les rois d'Edom (1).

- Les douze fils de Jacob, leurs descendants (2) et ceux de David (3).

- Les lignées et événements particuliers courant de Jacob jusqu'aux diverses royautés qui succédèrent à David : Juda, dont la fabuleuse histoire de Yaebets (4) ; Siméon (4) ; Ruben, Gad et de la première moitié de Manassé (5) ; Lévi et les villes qui leur furent dévolues (5 et 6) ; Issacar, Benjamin, Nephtali, la seconde moitié de Manassé, Ephraïm, et Aser (7) ; Benjamin, du moins la partie des résidents à Jérusalem (8).

- Les habitants de Jérusalem après le retour de captivité : les Israélites, les sacrificateurs, les Lévites, les Néthiniens, des fils de Juda, de Benjamin, d'Ephraïm et de Manassé, des Chilonites, des portiers ... (9).

Règne de David :

A partir du chapitre 10, le texte prend une autre ampleur puisqu'il relate la mort sanglante de Saül (10 ; voir 1 Samuel 31), l'intronisation de David et la prise de Yebous, Jérusalem, (voir 2 Samuel 5) qu'il fortifia et en fit son lieu de résidence. Joab fut nommé chef des armées et les noms des autres lieutenants et braves sont énumérés avec leurs hauts faits lors des pérégrinations aux côtés du roi avant et après la mort de Saül (11 et 12 ; voir 1 et 2 Samuel). Il est à noter que l'auteur ne relate pas la défection d'Abner et la division des royaumes de Juda et d'Israël au début du règne de David, certainement parce que la portée de cet ouvrage est nettement plus spirituel et qu'il concerne plus spécifiquement l'histoire de Juda au détriment d'Israël (voir 2 Samuel 2 à 4).

C'est ainsi qu'est narré le déplacement de l'arche et la mort d'Houzza qui a touché l'objet sacré (13 ; voir 2 Samuel 6). Sa royauté s'affermit sous la main de Dieu, battant les Philistins (14, voir 2 Samuel 7).

L'installation de l'Arche à Jérusalem, un psaume et l'organisation des offices sont alors énumérés (15 et 16 ; voir Samuel 6). David projeta la construction d'un temple que le Seigneur agréa par la bouche de Nathan : il devrait être construit par son successeur dont le trône serait affermi (17 ; voir 2 Samuel 7).

Les victoires du roi sur les Philistins, les Moabites, les Syriens et les Edomites sont également citées (18 ; voir 2 Samuel 8), ainsi que celle contre les Ammonites, suite à l'outrage subi par ses serviteurs (19 ; voir 2 Samuel 10), la prise de Raba, sans qu'il soit fait mention de Urie, et les combats contre les Philistins (20 ; voir 2 Samuel 11).

Le dernier point commun avec les récits de Samuel est le recensement réalisé par orgueil et la peste punitive (21 ; voir 2 Samuel 24), soit un grand saut en avant qui omet divers événements tels que l'inceste d'Amnon, le comportement d'Absalon, la fuite de David et la famine de trois ans.

Le chapitre 22 est le début de la transition entre David et Salomon : le premier commença les préparatifs pour la construction du temple, sachant que ce serait le second qui l'érigerait (22).

Proche de son trépas, David établit Salomon sur le trône (23.1 ; voir 1 Rois 1.32ss), dénombra les Lévites (23) et répartit les sacrificateurs en vingt-quatre classes selon leurs charges et leurs services, nommant des chefs (24) et les chantres (25), institua les portiers du temple et les diverses autres fonctions des Lévites (26). Les chefs d'armée et les autres fonctionnaires sont également répertoriés (27).

David donna enfin ses dernières recommandations à Salomon, comme cela est relaté dans le premier Livre des Rois, mais en insistant cette fois sur la construction du temple (28 ; voir 1 R 2). David fit encore appel aux offrandes volontaires pour ce temple, pria l'Eternel et assit Salomon sur le trône avant de rendre son dernier souffle (29 ; voir 1 Rois 2).

Le premier livre des Chroniques se termine à cet endroit.

f. 2 Chroniques :

Le second commence par le règne de Salomon.

Règne de Salomon :

Le récit commence donc par l'accession au trône de Salomon et le don de sagesse et de connaissance accordée par Dieu (1 ; voir 1 Rois 3), en omettant la vengeance exécutée contre certains serviteurs de son père.

Il s'appliqua ensuite à la préparation de la construction du temple (2 ; voir 1 R 5.15ss) et s'attela à le faire ériger et équiper (3 et 4 ; voir 1 Rois 6 et 7). A la fin des travaux, il le dédicaça, pria et reçut de Dieu les instructions d'usage (5 à 7 ; voir 1 Rois 8 et 9).

Salomon entreprit de grandes choses (8 ; voir 1 Rois 9) et reçut la visite de la reine de Saba (9 ; voir 1 Rois 10). La richesse de Salomon était immense (9 ; voir 1 Rois 10).

Sa mort est décrite à la fin du neuvième chapitre (voir 1 Rois 11).

<u>Royauté de Juda :</u>

La suite concerne exclusivement l'histoire de Juda, depuis la rupture avec Israël jusqu'à la déportation à Babylone. La liste des monarques successifs est évidemment à mettre en parallèle avec la suite des Livres des Rois. C'est ainsi que nous reprendrons les noms de chacun sans épiloguer plus en avant, sauf rares exceptions, mais en donnant la référence qui les concerne.

- Schisme entre Juda et Israël : Roboam et Jéroboam (10 ; voir 1 Rois 12).

- Roboam (11 et 12 ; voir 1 Rois 12 et 14).

- Abiya (m) qui remporta la guerre contre Jéroboam (13 ; voir 1 Rois 15).

- Asa (14 à 16 ; voir 1 Rois 15).

- Josaphat (17 ; voir 1 Rois 22). Il y est fait mention de sa coalition avec Achab contre les Syriens et de la blessure mortelle de ce dernier (18 ; voir 1 Rois 22). L'histoire de Josaphat est beaucoup plus complète ici et on relate l'intervention de prophètes tels que Michée (18) et Jéhu, qui rappela le monarque à l'ordre à cause de son alliance avec Achab, rebelle à l'Eternel (19). Josaphat entama des réformes au niveau de la justice (20) et remporta des victoires contre les Moabites et les Ammonites (20). En fin de règne, il s'associa encore avec le nouveau roi d'Israël, Ahazia, à la conduite impie, pour construire des navires qui furent brisés par le courroux de Dieu (20). Le livre des Rois ne faisait pas allusion à cette alliance, mais parlait simplement de la construction ruinée de navires et de la proposition de collaboration d'Ahazia de partager ses navires, ce que Josaphat refusa (voir 1 Rois 22).

- Yoram : outre son alliance avec la descendance d'Achab et la révolte d'Edom (21 ; voir 2 Rois 8), le récit précise qu'il a assassiné tous ses frères et que, à cause de sa rébellion contre l'Eternel, il fut attaqué et pillé par les Philistins et frappé d'une maladie d'entrailles inguérissable qui lui procura d'atroces souffrances (21).

Tableau 8 : Les rois de Juda et d'Israël après le schisme

Le tableau ci-dessous nous donne un alignement des règnes de Juda et d'Israël selon les Livres, ainsi qu'une indication du comportement de chaque roi.

N.B. : les dates sont approximatives et pas toujours en correspondance avec les temps de règnes

Rois de Juda	Durée du règne	Obéissance	Moment	Rois d'Israël	Durée du règne	Obéissance	Livre
Roboam	17 ans	non	931 0	Jéroboam	22 ans	non	1 R
Abiyam	3 ans	non	913 18ème				
Asa	41 ans	oui	911 20ème				
			2ème 910	Nadab	2 ans	non	
			3ème 909	Baécha	24 ans	non	
			26ème 886	Ela	2 ans	non	
			27ème 885	Zimri	7 jours	non	
				Division en 2 clans (4 ans)			
			31ème 885	Omri	12 ans	non	
			38ème 874	Achab	22 ans	non	
Josaphat	25 ans	oui	870 4ème				
			17ème 853	Ahazia	2 ans	non	1 et 2 R
			18ème 852	Yoram	12 ans	non	2 R
Yoram	8 ans	non	848 5ème				
Ahazia	1 an	non	841 12ème				
			Mort des 2 rois				

Athalie	6 ans	non	841		Jéhu	28 ans	oui et non	
Joas	40 ans	oui	835	7ème				
			23ème	813	Yoahaz	17 ans	non	
			37ème	798	Joas	16 ans	non	
Amatsia	29 ans	oui	796	2ème				
			15ème	781	Jéroboam II	41 ans	non	
Azaria (Osias)	52 ans	oui	767	27ème				
			38ème	753	Zacharie	6 mois	non	
			39ème	752	Challoum	1 mois	non	
			39ème	752	Menahem	10 ans	non	
			50ème	742	Peqahya	2 ans	non	
			52ème	740	Peqah	20 ans	non	
Yotam	16 ans	oui	740	2ème				
Ahaz	16 ans	non	732	17ème				
			12ème	731	Osée	9 ans	non	
			Déportation		d'Israël (722)			
Ezechias	29 ans	oui	716	3ème				
Manassé	55 ans	non	687					
Amôn	2 ans	non	642					
Josias	31 ans	oui	640					
Yoahaz	3 mois	non	609					
Yehoyaqim	11 ans	non	609					
Yehoyakîn	3 mois	non	597					
Sédécias	11 ans	non	597					
		Déportations	Juda		597-587-582			

Tableau 9 : concordance entre Chroniques et les autres

Comme nous l'avons souligné, à partir du chapitre 10 du premier livre de Chroniques, les faits relatés sont également traités dans d'autres livres. Ce tableau permet de se faire une idée plus précise des contenus et faciliter une lecture chronologique.

1 Chroniques	1 Samuel	Commentaires
10	31	Mort de Saül
	2 Samuel	
		DAVID
11	5	Prise de Jérusalem (pas de notion de royaume divisé)
13 à 16	6 et 7	Retour de l'Arche et Philistins
17	7	Projet du temple et promesses de Dieu pour le trône
18	8	Victoires sur Philistins, Moabites, Syriens et Edomites
20	11	Prise de Rabba (pas de notion de Urie, Amnon, Absalom et de la famine)
21	24	Recensement et peste
	1 Rois	
23.1	1.32ss	Choix de Salomon par David
28 et 29	2	Instruction de David à Salomon et mort de David
2 Chroniques		
		SALOMON
1	3	Règne, sagesse et connaissance
2	5	Préparatifs pour le temple
3 et 4	6 et 7	Construction du temple
5 à 7	8 et 9	Dédicace et apparition de Dieu
8	9	Grandes entreprises de Salomon
9	10	Reine de Saba et richesse de Salomon
9	11	Mort de Salomon
		SCHISME

10	12		Roboam et Jéroboam
11 et 12	12 et 14		Roboam
13	15		Abiya(m)
14 à 16	15		Asa
17	22		Josaphat
18	22		Campagne contre la Syrie avec Achab
20	22		Navires (non repris, victoires, réformes et alliance avec Ahazia)
	2 Rois		
21	8		Yoram : Edom et mariage avec fille d'Achab (pas repris : maladie, Philistins et fratricides)
22	8		Ahazia : alliance avec Yoram et tué par Jéhu
22 et 23	11		Athalie : carnage héritiers sauf Joas
24	12		Joas : restauration du temple
25	14		Amatsia : vaincu par Israël
26	15		Ozias ou Azaria : succès puis lèpre
27	15		Yotam : porte supérieur du temple
28	16		Ahaz : défaite contre Syrie et Israël (Philistins et Edomites) et alliance négative avec Assyrie ; cultes païens +++
29 à 32	18 à 20		Ezechias : purification pays (temple) ; vistoire contre Assyriens, guérison miraculeuse et espions babyloniens
33	21		Manassé : malédiction sur Juda (emprisonnement en Assyrie puis retour et changement) ; Amôn
24 et 35	22 et 23		Josias : restauration du temple, livre de la Loi, réformes et purifications, Pâque, malédiction maintenue mais postposée, mort face à Pharaon
36	23		Yoahaz
36	23		Yehoyaqim et Yehoyakîn
36	24 et 25		Sédécias : révolte contre Babylone, rebelle à Dieu, déportation et destruction

- Ahazia (22 ; voir 2 Rois 8).

- Athalie (22 et 23 ; voir 2 Rois 11).

- Joas (24 ; voir 2 Rois 12).

- Amatsia (25 ; voir 2 Rois 14). Il est précisé qu'avant d'entrer en guerre contre les Edomites, il renvoya chez eux des mercenaires d'Israël qui lui en gardèrent rancune, et qu'après la victoire, il adopta les dieux païens, ce qui enflamma la colère l'Eternel contre lui.

- Ozias ou Azaria (26 ; 2 Rois 15). Avant qu'il fut frappé de lèpre, il est précisé qu'il était contemporain du prophète Zacharie et il connut du succès, sa renommée s'étendant jusqu'aux bords de l'Egypte, parce qu'il construisit beaucoup, équipa une armée forte et renforça les défenses de Jérusalem. La cause de sa maladie fut son infidélité à l'Eternel, car il s'autorisa à brûler lui-même des parfums sur l'autel et qu'il n'admit pas la réaction des sacrificateurs qui le prièrent de sortir.

- Yotam (27 ; voir 2 Rois 15). Le récit parle de la puissance de Yotam et de sa victoire sur les Ammonites.

- Ahaz (28 ; voir 2 Rois 16). Les circonstances de sa défaite contre la Syrie et Israël sont mieux décrites et d'autres déconvenues contre les Edomites et les Philistins sont ajoutées. Il est aussi écrit que son alliance avec l'Assyrie ne lui fut d'aucun secours. Il s'adonnait à de très nombreux cultes païens.

- Ezéchias : c'est un des plus longs récits royaux que nous trouvions dans les Chroniques, tout comme c'était déjà le cas pour la description des rois de Juda dans le second livre des Rois (29 à 32 ; voir 2 Rois 18 à 20). Outre le nettoyage du pays de toutes les idoles, il est ajouté qu'il purifia le temple et y rétablit le culte, célébrant la Pâque et réorganisant le sacerdoce avant l'assaut des Assyriens et leur défaite suite à l'intervention d'un Ange. Sa fin de mandat fut moins honorable, puisque, après avoir été miraculeusement guéri, il s'attira la fureur de Dieu à cause de son endurcissement. Il obtint toutefois grâce durant le reste de son règne par un acte d'humilité. Il fut très riche.

- Manassé (33 ; voir 2 Rois 21). Il est intéressant de lire la suite de son règne qui n'est nullement décrit dans le Livre des Rois. En effet, il fut emprisonné par les Assyriens. En grande détresse, il implora Dieu qui l'exauça et le fit revenir à Jérusalem. Suite à cela, il vida le temple des objets et statues idolâtres, rappelant son peuple à l'obéissance. Il fortifia également la muraille autour de Jérusalem. Les sacrifices, même en dehors du temple, étaient tous voués à l'Eternel.

- Amon (33 ; voir 2 Rois 21).

- Josias (34 et 35 ; voir 2 Rois 22 et 23). Sa mort semble être due à une désobéissance et Jérémie fit une complainte devant son corps sans vie.

- Yoahaz (36 ; voir 2 Rois 23).

- Yehoyaqim (36 ; voir 2 Rois 24).

- Yehoyakîn (36 ; voir 2 Rois 24).

- Sédécias (36 ; voir 2 Rois 24 et 25). Il est ajouté au récit du livre des Rois qu'il se moquait des prophètes et que les sacrificateurs s'adonnaient aux pires abominations alors que l'Eternel désirait préserver Juda. Outre les meurtres et la déportation, il est écrit que les murailles de Jérusalem furent détruites, le temple brûlé et les objets anéantis.

Babylone les garda captifs jusqu'à la survenue de la domination perse afin que s'accomplît la prophétie donnée par Jérémie, soit septante années.

Le second livre des Chroniques s'achève par l'édit de Cyrus, roi de Perse concernant la construction d'une maison de l'Eternel à Jérusalem en Juda.

Spirituellement ces deux livres enseignent à l'Eglise, universelle ou locale, les chemins à emprunter, les voies à éviter et les errements desquels revenir afin que chaque croyant soit un sacrificateur puissant et fidèle à Christ.

g. <u>Les Psaumes de David (et les autres) ou le livre des cantiques et prières :</u>

Comme nous l'avons constaté sur la figure 5, tous les Psaumes ne sont pas de David : certains d'entre eux sont nettement plus anciens et d'autres postérieurs.

Toutefois, il nous semble opportun de les placer dans le cadre du chapitre sur la Monarchie puisque la majorité d'entre eux ont ce même auteur et qu'il eût été fastidieux et difficilement applicable de les saupoudrer sur les diverses époques successives de notre histoire.

Nous n'allons évidemment pas étudier de manière approfondie chaque texte, mais plutôt tenter de les classifier afin de mieux comprendre à quoi et à qui ils sont reliés.

Il s'agit en fait de cantiques ou poèmes spirituels utilisés notamment comme recueil de louanges. Notons qu'à ce jour, de très nombreux chants chrétiens s'inspirent de ces cantiques d'adorations.

Ce recueil se répartit en cinq livres selon certains thèmes plus ou moins précis, chacun se terminant par un psaume invitant à la louange :

- Livre 1 (de 1 à 41) : plutôt personnels.

- Livres 2 (de 42 à 72) et 3 (de 73 à 89) : nationaux et associés aux cœurs du temple.

- Livres 4 (de 90 à 106) et 5 (de 107 à 150) : pour le culte public à Dieu.

Une autre façon de les distinguer est de déterminer les auteurs. Ci-dessous, nous recensons ceux à qui la tradition semble attribuer la paternité :

- David, roi d'Israël : 73, soit de 3 à 9 (7) ; 11 à 32 (21) ; 34 à 41 (8) ; 51 à 70 (20) ; 86 ; 101 ; 103 ; 108 à 110 (3) ; 122 ; 124 ; 131 ; 133 ; 138 à 145 (8).

  Soulignons que 14 d'entre eux se rapportent directement à des événements de la vie de David : 3 (fuite devant Absalon), 7 (concernant Kouch, Benjaminite), 18 (délivrance des mains de ses ennemis et de Saül), 30 (Inauguration du temple), 34 (quand il contrefit l'insensé en présence d'Abimélek), 51 (quand Nathan le rappela à l'ordre avec Urie), 52 (David dénoncé à Saül par Doëg), 54 (David dénoncé à Saül par les Ziphiens), 56 (David pris par les Philistins à Gath), 57 (fuite devant Saül dans la caverne), 59 (quand Saül fit garder la maison afin de le trucider), 60 (témoignage de victoires contre les Syriens et les Edomites), 63 (dans le désert de Juda), 142 (prière dans la caverne).

- Fils de Coré, Lévites : 11, soit de 42 à 49 (8) ; 84 et 85 (2) ; 87 et 88 (2).

- Asaph : 12, soit le 50 ; 73 à 83 (11).

- Salomon : 2, soit le 72 et le 127.

- Héman, 1, le 88

- Etân : 1, le 89

- Moïse : 1, le 90

- Ezéchias : 10, soit de 120 et 121 (2) ; 123 ; 125 et 126 (2) ; 128 à 130 (3) ; 132 ; 134.

- Inconnus : le reste. Certains seraient attribués à Zacharie, Aggée ou Esdras.

Ceci nous éclaire peut-être un peu plus, mais nous ne saurions nous en contenter. Nous allons donc aborder sous forme de tableau les thématiques un peu plus précises en nous attardant au sujet principal de chacun.

Tableau 10 : Classification thématique des Psaumes

Thématique	Psaumes
Appel au secours	3, 6, 12, 38, 54, 57, 59, 70, 80, 83, 86, 109, 123, 130, 140, 141, 143
Bien et mal	14, 37, 53, 73, 106, 120
Bon berger	23, 125, 133
Chemin de la vie, salut	16, 22, 50, 91, 96, 112, 127, 128
Dieu tout puissant	2, 8, 34, 46, 82, 93, 99, 113, 115, 139
Dieu, dernier recours	7, 25, 64, 121, 124, 142
Engagement du roi	101, 110
Espérance	13, 31
Fidélité et amour de Dieu	36, 81, 89, 103, 105, 132
Foi, confiance	11, 20, 27, 56, 60, 62, 131
Justice	17, 35, 75
La vie et la mort	39, 49, 71, 90

La voie du bonheur	1, 63
Leçons de l'histoire	78, 114, 126
Louange et adoration	9, 19, 21, 24, 29, 33, 40, 47, 66, 84, 92, 95, 97, 100, 104, 107, 108, 111, 117, 119, 135, 136, 138, 144, 145, 146, 147, 148, 149, 150
Méchants	52, 129
Noces royales	45
Prières	4, 5, 10, 26, 28, 72, 85, 134
Remerciements	30, 65, 67, 116
Repentance et pardon	32, 51
Sion	48, 87, 122
Souffrance et désespoir	41, 44, 61, 69, 74, 77, 79, 88, 102, 137
Trahison	55
Victoire	18, 68, 76, 98, 118
Volonté et jugement de Dieu	15, 42, 43, 58, 94

Une classification différente est également possible :

Tableau 11 : Autre classification des Psaumes

Thème principal	Thèmes secondaires	Psaumes
L'homme	Elevé	8
	Pécheur	10, 14, 36, 52, 53, 55, 58, 59
	Juste	15, 24, 26, 92, 108, 109, 112, 128, 131, 146
	Oint	45
	Repentant	60, 74, 123
Les hommes pécheurs	Par rapport aux justes	1, 4, 5
	Leur fin	9, 11
	Jugement reporté	10
	Leur prospérité	37, 73
	Confiance au matérialisme	49
Conversion	Repentance	25, 38, 51, 130
	Pardon	32
	Conversion	40

Vie chrétienne	Paix	3, 16, 20, 23, 27, 31, 34, 42, 61, 62, 91, 121
	Tristesse	6, 13, 22, 69, 88, 102, 137
	Ecoute	25
	Consécration	116
	La vieillesse	39, 49, 71, 90
	Soif de Dieu	42, 63, 143
	Louer et adorer	43, 84, 96, 98, 100, 103, 107, 122, 132, 136, 145, 148 à 150
	Prier	55, 70, 77, 85, 86, 134, 142, 143
	Le foyer	127
	Unité	133
Dieu	Refuge	7, 27, 28, 35, 46, 54, 56, 57, 64, 83, 120, 140, 141
	Droit	12, 17, 30, 48, 50, 65, 75, 111
	Attributs	18, 19, 29, 32, 62, 66, 85, 89, 93, 97, 99, 117, 118, 136, 139, 147
	Sa Parole	19, 119
	Puissance	21, 33, 44, 47, 48, 68, 76, 87, 89, 95, 104, 113, 135, 138
	Vengeur	94
	Protecteur	124, 125, 144
Mission		67, 72, 96, 98
Gouvernants	Devoirs	82, 101
Israël	Incrédulité	78
	Malheur	79, 80
	Déclin	81
	Intervention de Dieu	105, 106, 114
	Béni de Dieu	115
Christ	Ses souffrances	2, 41, 55, 69
	Roi	2, 45, 72, 110, 132
	Sa résurrection	16
	Son ascension	68

Nous terminons ici l'abord des Psaumes, en insistant sur leur richesse. A eux seuls, ils résument l'entièreté de la Parole et sont un recueil précieux de prières, de louanges et de cantiques d'adoration à l'infini dont nous ne devrions jamais nous séparer.

h. Les Livres de Salomon :

Dans la foulée des Psaumes, nous aurons à cœur de nous arrêter sur des prouesses de plumes originales, tantôt remplies de sagesse (Les Proverbes), tantôt illuminées de futilités (l'Ecclésiaste), tantôt teintées d'érotisme (Le Cantique des Cantiques).

Le Livre des Proverbes ou l'art de se comporter :

La particularité de ce recueil est que chaque verset est empreint de vérités très simples à comprendre et à appliquer, souvent basées sur le principe du contraste entre le bien et le mal (les justes et les méchants). C'est un véritable mode d'emploi du chrétien qui cherche à plaire à Dieu et à vivre en harmonie avec Lui.

Il n'est pas étonnant que Salomon ait été reconnu comme particulièrement sage au vu de toutes ses constatations tellement riches de sens.

L'introduction est d'ailleurs le fil conducteur de toute l'œuvre :

- Dieu est Sagesse (1.20).

- Il nous appelle (1.23) : nous sommes donc invités à répondre.

- Il donne (2.5) : nous n'avons qu'à recevoir.

- Nous Lui obéissons et nous confions en Lui (3.5-7).

L'auteur principal en est Salomon, mais il n'est pas le seul sage à avoir couché les vérités profondes sur le papyrus (voir : « autres paroles des sages » au verset 22.17 ; Salomon transcrit par les gens d'Ezéchias, roi de Juda, au verset 25.1 ; Agour, fils de Yaqé, chapitre 30 ; Lémouel, roi, au chapitre 31).

Résumer un tel bijou est inutile car ce serait faire offense aux orateurs d'antan : n'oublions pas que les grands de ce monde venaient au chevet du Roi Salomon pour l'entendre réciter ses nombreuses maximes (3000 proverbes et 1005 chants selon 1 R 5.9-14) dont l'origine divine ne fait aucun doute.

Nous pouvons toutefois en retirer des thèmes principaux qui ressortent en première lecture (approfondie) et qui s'intègrent dans le concept de deux voies, celle du salut et celle de la perdition :

- Alliance interdite avec les pécheurs (1).
- Repentance et obéissance (1 et 2).
- Obéissance, confiance et maturité spirituelle (2 et 3).
- Maturité et sanctification progressive (3 et 4).
- Fidélité (5).
- La Personne de Dieu est notre modèle (5, 6 et 8).
- La Sagesse est le modèle de vie (5, 6, 7).
- La séduction est un piège mortel (6-7, 9).
- Dieu est tout puissant (16 ; 30).
- Amitié et fraternité (17).

- Le contrôle de notre langue (17).

- Divers conseils pratiques de vie (3, 5, 6, 9-15, 16, 19-20, 22, 24, 25, 26, 28-29)

- Ecouter Dieu (22).

- La paresse (24, 26).

- L'humilité (30).

- Diverses sentences par rapport à la critique, à la désobéissance, à l'adultère et à la langue trop pendue (30).

- Certains animaux sont aussi des modèles de vie (30).

- La prière (30).

- Eviter la fornication, l'excès d'alcool (31).

- Rendre justice au malheureux (31).

- La femme de valeur (31).

C'est la lecture de ce premier livre, après un évangile sans doute, que nous conseillons aux jeunes convertis tant il est empreint de sagesse simple et puissante : appliquer ce qui y est dit nous fait grandir certainement dans la maturité chrétienne plus que si cherchions à comprendre tout le reste des Ecritures.

A chaque jour suffit sa peine ....

<u>L'Ecclésiaste ou la vanité des choses du monde :</u>

C'est une autre œuvre qui nous est dédiée par Salomon (fils de David (1.1) ; Roi à Jérusalem (1.12) ; sagesse opposée à la folie comme les

Proverbes (1.16-17 ; 12.9) ; grand Roi (2.9) ; grand bâtisseur, riche et polygame (2.8)).

Le thème principal est la vanité de toute chose : nous avons l'impression que Salomon nous lègue une sorte de testament spirituel rédigé alors qu'il a connu la gloire pour ensuite se dévoyer dans l'idolâtrie (1 R 11.3-9). C'est donc une histoire sombre et mélancolique, en véritable paradoxe par rapport aux Proverbes.

Il s'agit d'une vue matérialiste des choses (3.18), véritable témoignage vivant des efforts extraordinaires mais vains de l'homme pour obtenir ce qui, de toutes les manières, disparaîtra rapidement.

Une leçon essentielle qu'en retire l'auteur est que la richesse terrestre mène sûrement aux ténèbres éternelles (6.4-5).

En réalité, le thème principal de ce livre se trouve dans la conclusion : nous devons craindre Dieu et Lui obéir car tout passe en jugement (12.14).

En fait, par sa présentation négative de la vie matérialiste, Salomon confirme ce qu'il a si brillamment mis en exergue dans le livre précédent : tout est par Dieu et pour Dieu. Le reste n'est que vanité.

A méditer lorsque les séductions du monde nous tendent les bras ... !

Un exemple souvent cité de nos jours : la corde à trois fils ne se rompt pas vite (4.11). La trinité en est l'exemple suprême, le chrétien en est l'image (corps, âme et esprit) et le couple, l'illustration (homme, femme et Esprit de Jésus).

<u>Le Cantique des Cantiques ou l'amour parfait :</u>

La variété des écrits de Salomon confirme à elle seule la grande intelligence que Dieu lui avait conférée : trois styles totalement en opposition, mais une même conviction : l'Eternel.

Nous pourrions étrangement rattacher cette ode à l'amour (que certains répugnent à conseiller à cause de sa portée « érotique ») au chapitre 31 des Proverbes concernant la femme de valeur décrite par Lémouel. Quelle perle que d'épouser une jeune fille regroupant, et les qualités, et la sensualité dans un sens respectueux de la volonté divine.

Si certains rejettent pudiquement ce chef d'œuvre, c'est qu'ils n'ont sans doute pas compris sa portée hautement spirituelle et s'en tiennent à l'indécence voilée des mots utilisés (en fait, dans la civilisation hébraïque de Salomon, c'est un langage coutumier et respectueux).

La construction du récit est principalement un dialogue entre l'homme et sa promise qui décrit plusieurs états d'âmes :

- Communion totale entre les deux (1.1 à 2.7).

- Souffrance quand ils sont éloignés l'un de l'autre (2.8 à 3.5).

- Déclarations enflammées et éloges réciproques (3.6 à 8.14).

A y regarder de plus près, nous décelons le même type de « fusion » entre Christ (l'époux) et l'Eglise (l'épouse), entre Christ et le chrétien « blanchi de ses iniquités » par Son Sauveur.

En effet, quoi de plus merveilleux que le « premier amour », lorsque la relation entre nous et notre Sauveur est dénuée de toute ambiguïté et, quoi de plus douloureux, que lorsque le péché, les rites ou les habitudes nous en éloignent.

Les louanges et adorations que nous portons vers Dieu ne sont-elles pas remplies d'éloges et de reconnaissance ? Et Lui, ne nous offre-t-il pas de partager son intimité en nous adoptant et ne nous couvre-t-il pas de cadeaux que sont notamment les dons spirituels ?

Qu'en est-il aussi d'Adam et Eve qui vivaient nus sans en avoir honte et marchaient aux côtés de Dieu dans le jardin d'Eden ?

Le couple, y compris et surtout dans sa vie intime, est le modèle qui nous amène à mieux comprendre et approcher la portée infinie de l'amour de Dieu. C'est ce que Salomon a sans doute essayé de nous transmettre.

i. <u>Les prophètes du peuple d'Israël :</u>

Nous l'avons bien compris, le schisme consommé entre Israël et Juda mène à deux histoires momentanément parallèles, jusqu'à la disparition définitive de la première citée.

C'est pour cette raison que Dieu a levé des prophètes qui avaient pour mission principale de parler à l'un ou l'autre, parfois aux deux, mais de manière anecdotique pour un des deux.

Nous allons arbitrairement nous attarder aux prophètes d'Israël.

<u>Jonas (760 ACN) ou le message de Ninive :</u>

Jonas semble être un des premiers prophètes répertoriés (2 R 14.25). Issu de Galilée, son récit un peu fantasmagorique a pourtant été authentifié par Jésus lui-même (Mt 12.39-41 ; Lc 11.29-30).

Cette histoire, qui peut apparaître comme loufoque au premier abord, est en fait un amas de vérités bibliques essentielles pour tout chrétien.

La leçon principale est la mission particulière de Jonas : apporter un message de repentance à une ville non juive : Ninive ! Comme de quoi, le principe du salut universel et la nécessité d'annoncer la Bonne Nouvelle dans le monde connaissent déjà ses premières heures de gloire.

Cela semble tellement absurde et suicidaire aux yeux de l'intéressé, qu'il décida de ne pas obéir, mais plutôt de fuir (1).

Mal lui en prit car Dieu le réprimanda d'une manière tellement sévère (jeté à la mer et englouti 3 jours et 3 nuits, puis recraché par un poisson (2)) qu'il ne put qu'accepter d'enfin remplir la mission prévue (3).

A noter deux choses :

- Ne pas répondre à un appel de Dieu est possible (libre choix), mais osé et dangereux.

- Dieu aurait pu charger quelqu'un d'autre plutôt que de faire confiance à Jonas pour une seconde tentative. Il nous prouve ainsi sa miséricorde et accepte notre imperfection.

Mission accomplie : la sentence de Dieu ayant été annoncée, elle n'avait plus qu'à être exécutée !

Horreur, l'Eternel changea ses plans en faisant grâce à cette ville perverse devant la repentance sincère de toute sa population. Jonas n'apprécia guère (4). Qui a dit que la justice de Dieu était droite et donc préférable à celle des hommes ? En voici le plus bel exemple.

Attention ! Ne soyons pas des chrétiens, tels que Jonas, qui attendons la condamnation des païens plutôt que leur salut.

Osée (755 à 722 ACN) ou le dénonciateur de l'adultère spirituel :

Osée était un contemporain de Michée et Esaïe. Il chercha à se faire entendre à Samarie en utilisant une manière de s'exprimer imagée et originale durant le règne de Jéroboam II.

En effet, les premiers chapitres tendent à dénoncer le dévoiement spirituel du Royaume du Nord en comparant celui-ci au comportement de sa propre femme adultère. Rien ne prouve que ce fût réellement le cas : peut-être était-ce uniquement une illustration (1 à 3).

Dieu est donc le mari lésé et Israël, l'épouse qui s'adonne à l'infidélité au travers de l'apostasie. Osée s'attarda à l'idolâtrie et au déclin de son peuple en le menaçant et en l'exhortant (4 à 13).

Son intervention culmine par un plaidoyer à la repentance et les promesses de bénédictions qui en découleront (14).

<u>Amos (Fardeau) (760 à 750 ACN) ou le berger devenu prophète :</u>

Habitant Juda, Amos a été un de ces prophètes qui joua un rôle au sein des deux Royaumes juifs, durant les règnes de Jéroboam II et d'Ozias.

Alors qu'il était berger, Dieu lui intima l'ordre de parler en Son nom : sa manière de s'exprimer est simple, non religieuse, pure et imagée.

Alors que Juda était prospère et pensait que c'était une bénédiction, l'égalité sociale voulue par Dieu était en réalité bafouée par le matérialisme. C'est pour souligner cela qu'Amos entra en scène.

Il annonça les jugements qui allaient tomber sous peu sur les peuples païens aux alentours (1.3-15 ; 2.1-3) et menaça Juda (2.4-6).

A Bethel, les réprimandes contre Israël (2.6-16) allèrent au-delà puisqu'il l'appela à revenir à Dieu en abandonnant les idoles, dont le veau d'or, (5) et à renoncer au luxe (6).

S'ensuit la description de cinq visions : les sauterelles (7.1-3) ; le feu (7.4-5) ; le niveau (7.7-9) ; la corbeille de fruits mûrs (8.1-3) et l'effondrement du chapiteau (9.1-10). Ces mises en garde furent mal acceptées et l'on complota contre lui pour le faire taire (7.10-13).

Quoiqu'il en soit, il finit son ouvrage en annonçant la déportation et la restauration d'Israël (9.9-15).

Signalons qu'une partie de ses prédictions se sont réalisées de son vivant (un tremblement de terre en 763 ACN annoncé en 8.8 et 9.5), lui rendant une crédibilité parfois négligée par ses contemporains.

Les enseignements spirituels sont limpides.

j. Les prophètes du peuple de Juda :

Nous devinons que Juda a une destinée autre qu'Israël dans les plans de Dieu, vu le nombre de prophètes nous ayant laissé des traces de leurs révélations, tant avant que pendant la captivité à Babylone.

Joël (L'Eternel est Dieu) (810 à 750 ACN) ou le Jour de L'Eternel :

Si Joël a peu écrit, il a annoncé des paroles pour tous les âges, y compris l'ère chrétienne.

Sa plume est assez sophistiquée et énigmatique, ce qui donne l'envie d'approfondir encore plus la compréhension de ses révélations.

Joël insista principalement sur la prééminence de Dieu et du jour de l'Eternel (1.15 ; 2.1, 11, 31 ; 3.14).

Il commença par annoncer le jour du jugement de Yahvé au travers de l'envahissement des sauterelles détruisant tout (1.4-9), de la sécheresse (1.10-20) et de l'incursion barbare (2.1-10) subies par la nation en ce temps-là. Ces sentences divines concrètes furent complétées par un appel à la repentance et à la prière sincères (2.12-17) et par des promesses de bénédictions à venir (2.18-20) : des pluies en grandes quantités (2.23-24) et l'effusion du Saint Esprit (2.28-32) qui, elle, commencera à se réaliser, pour mémoire, le jour de la Pentecôte (Ac 2).

La prédiction de la fin des temps n'était pas terminée puisqu'il prédit le jugement des nations païennes (3.1-16), la restauration finale de Sion et la victoire de Christ (3.17-21) : l'avenir sera ainsi fait, nous n'en doutons point.

C'est un des prophètes qui s'adressa à la nation de Juda pour une période qui dépasse même la pensée des hommes puisque l'effusion de l'Esprit débutera plus de 800 ans plus tard et qu'une partie des promesses reste à venir.

Annonçons avec ferveur le choix que chaque être humain est amené à faire dès à présent, soit Christ, soit la détresse éternelle.

Esaïe (L'Eternel sauve) (742 à 700 ACN) ou le prophète de souche royale :

Esaïe est considéré comme le plus grand des prophètes et son œuvre dura quarante ans. Il fut la conscience divine sous le règne de plusieurs rois : Ozias, Yotam, Ahaz, Ezéchias (1.1) et peut-être Manassé chez lesquels il avait ses entrées ! Sa prose fait partie des plus belles de toutes les Ecritures, sans doute parce qu'Esaïe est reconnu comme le prophète du salut.

La première partie concerne principalement ce qui entraîna Juda vers l'invasion Assyrienne qui eût effectivement lieu vers 701 ACN :

- Menaces claires et précises suite au comportement anarchique du peuple de Dieu : le jugement est annoncé par les mains du roi d'Assyrie, édulcoré par l'annonce du Messie (1 à 12).

- Sentences sur Israël, Jérusalem et les nations étrangères telles que Babylone, Moab, la Syrie, l'Ethiopie, l'Egypte, l'Assyrie, Tyr, Sidon... et annonce du rétablissement d'Israël (13 à 23).

Suite à ces malédictions répétées, une coupure relative à la fin des temps permit au peuple élu de prendre conscience de la justice divine et de Sa compassion pour Son peuple, comparé à la vigne. Esaïe était tellement sûr de la bonté de l'Eternel qu'il inclut un psaume de reconnaissance et un cantique (24 à 27).

Le dur labeur de rappeler à l'ordre les fautifs qu'étaient Ephraïm et Jérusalem reprit, principalement parce qu'ils s'étaient alliés à des païens, les Egyptiens (28 à 31). Une promesse de rétablissement par Dieu Seul rassurait le lecteur, d'autant qu'un Roi idéal était annoncé à la porte de Jérusalem en la personne du Messie et qu'il était appelé à diriger un pays totalement renaissant, à l'image du millenium et de la nouvelle terre et des nouveaux cieux promis en Apocalypse (32 à 35). Ces bonnes nouvelles furent confortées par la libération d'Ezéchias des mains des Assyriens et par la prolongation miraculeuse de sa vie (36 à 39).

Une seconde partie, parfois non attribuée à l'auteur, débute au chapitre 40. Nous abordons de plein pied la fin des temps, même si occasionnellement Esaïe l'avait déjà fait dans les premiers chapitres. En fait, la période couverte par les 26 chapitres suivant couvre la fin de la captivité à Babylone aux temps non encore survenus, en passant par le Messie et l'ère chrétienne. Le point culminant est le 53, parfois appelé le cinquième Evangile, tant il relate justement l'œuvre à venir de Jésus-Christ.

A partir du chapitre 55, Esaïe s'adresse au peuple de retour d'exil pour continuer à prophétiser la fin des temps dont : la repentance et le jeûne (58) ; Sion restaurée (60 et 62) ; l'évangélisation du monde entier (61) et le règne de Dieu (65).

L'omniprésence de Jésus-Christ est une évidence : Esaïe annonce le salut par Christ. En voici quelques exemples :

Tableau 12 : Prophéties sur le Messie

Thèmes	Prophéties spécifiques	références
Historique	Naissance	7.14
	Descendance de David	11.1
	Onction de l'Esprit	11.2, 42.1, 61.1
Actions	Etablira la paix et la justice sur terre	2.4 ; 42.4
	Couvrira Israël de la Gloire de Dieu	9.1
	Imposera le respect, jugera avec justice et châtiera les méchants	11.3-4
	Libèrera les captifs	42.7, 61.1
	Couvrira nos péchés	44.22
	Portera nos souffrances, nos douleurs, nos péchés et nos iniquités	53.4, 6
	Apportera le salut par Sa souffrance	53.5
	Intercèdera pour les coupables	53.12
	Donnera la nourriture spirituelle	55.1
	Annoncera la Bonne Nouvelle, guérira les cœurs brisés	61.1
Divers noms attribués	Emmanuel	7.14
	Admirable, Conseiller, Dieu puissant, Père éternel, Prince de la paix	9.5
	Roi régnant selon la justice	32.1
	Serviteur de Dieu, Elu de Dieu	42.1
	Bras de l'Eternel	53.1
	Oint de l'Eternel	61.1
Attributs	Eclaire	9.1 ; 42.6
	Sage et intelligent, fort, connaissant et craignant l'Eternel	11.2-3
	Juste, équitable	11.4-5
	Fidèle	11.5
	Sachant se taire	42.2 ; 53.7
	Persévérance	42.4
	Endurant la souffrance	52.14 ; 53.10
	Compatissant	42.3 ; 53.4
	Sans fraude, ni violence	53.9
	Sauveur et libérateur	53.11, 63.1
	Grand, renommé	53.12

Michée (Qui est comme l'Eternel) (742 à 687 ACN) ou le prophète des campagnes :

Contemporain d'Esaïe et d'Osée, Michée prophétisa durant les règnes de trois rois : Yotam, Ahaz et Ezéchias (1.1). Il faut noter qu'il habitait Juda mais amena aussi la Parole de Dieu en Israël.

Son discours est complémentaire et souvent identique à celui du plus grand des prophètes puisqu'il dénonça les désordres sociaux quand son collègue accusait les dérives politiques.

Son style est personnel : il joue avec les mots et utilise un langage châtié et pur.

Lui aussi menaça courageusement des jugements à venir tels que la ruine de Samarie et Jérusalem et l'exil à Babylone, (1 à 3) et rassura sur la délivrance future (4 à 5) en insistant sur la repentance qui amènerait la restauration (6 à 7).

Un certain nombre de points importants restent à souligner :

- Mise en exergue de certains péchés répandus à cette époque au sein du peuple de Dieu comme l'idolâtrie (1.7 ; 5.13), la complicité avide des sacrificateurs et des grands (3.2-11), la corruption (7.2-4), …

- La vision du règne triomphal de Christ (4.1-4 ; cfr Es 2).

- Le lieu de naissance de Jésus, Bethlehem (5.1-2). Le sanhédrin reprendra ce passage pour Hérode le Grand (Mt 2.5-6).

- Il détermina comment vivre dans la volonté de Dieu (6.8).

- Le fait que Dieu ne garde pas en mémoire les péchés des croyants : Il pardonne (7.18-20).

Ajoutons que, grâce à l'utilisation d'un de ses versets (3.12), les anciens sauvèrent plus tard la vie de Jérémie (Jr 26.16-19).

Sophonie (Le Seigneur a caché) (640 à 625 ACN) ou le jugement, la repentance et l'espérance :

Sophonie avait la particularité d'être certainement un descendant du roi Ezéchias (1.1). Son rôle s'établit au début du règne de Josias, devenu monarque à l'âge de 8 ans, et qui décidera plus tard une grande réforme, suite à la découverte des livres de la Loi.

Le message est sentencieux et transcende le temps puisque, lui aussi, aborde la fin de ce monde : il fut le premier à parler du jugement universel de Dieu. A noter qu'il se servit de l'exemple de la chute d'Israël pour annoncer le dérapage de Juda.

Il commença donc par prévoir les jugements en devenir de Juda (1) pour l'appeler à la repentance (2.1-3). Il continua avec les nations frontalières (2.4-15) pour ensuite maudire plus précisément tous les pécheurs de la capitale à cause de leur aveuglement face aux sentences subies par les pays païens. Il ne pouvait qu'en arriver à l'annonce du jugement universel auquel seulement un reste fidèle échapperait (3.8-13).

Son message s'acheva sous forme d'éclaircie puisque Sophonie parla de l'intervention divine qui rendrait la gloire d'Israël aux confins de la terre (3.14-20) : cela n'est pas encore survenu et s'intègre dans les plans révélés à l'apôtre Jean.

Nahum (Qui a compassion) (664 à 612 ACN) ou l'autre prophète de Ninive :

Comme son prédécesseur Jonas, Nahum s'est vu confier les prophéties sur la ville assyrienne de Ninive. En effet, celle-ci semblait à nouveau pratiquer tous les travers qui poussèrent jadis l'Eternel à réclamer avec succès la repentance de tous ses habitants. Cette fois, la présomption était telle que le roi d'Assyrie n'avait de cesse que de détruire et soumettre toutes les nations voisines (2.11-12) : Juda en souffrait évidemment beaucoup.

Nahum annonça donc la destruction de Ninive avec une force pathétique.

Le récit débute par un rappel de l'invincibilité de Dieu qui prendra le parti de Juda et réduira à néant la domination assyrienne (1). La ruine prochaine de la ville condamnée y est décrite avec forces et détails (2) avant de faire place à l'énumération de la malédiction divine sur elle (3).

Ces prophéties se réalisèrent vers 612, les murailles réputées indestructibles étant ruinées par les eaux et la ville pillée et réduite en un tas de gravats par les Babyloniens.

Au contraire des autres prophètes, Nahum ne donne aucun message d'espérance et de rétablissement. Ceci s'explique par le fait que cette ville païenne, jadis épargnée, fut détruite à jamais.

Habacuc (Lutteur) (605 à 601 ACN) ou le Jugement de Dieu exécuté par les païens :

De souche lévitique, Habacuc rédige dans un style poétique exceptionnel qui démontre son érudition. La technique du dialogue entre lui et Dieu est également typique.

Les Assyriens ont été soumis par les Babyloniens. Ceux-ci montaient en puissance et se firent à leur tour menaçants pour Juda qui n'y prêta guère attention car noyée dans le vice du matérialisme et les débauches qui en découlaient : luxe, paresse, ….

Ce qui intriguait le plus Habacuc, c'est le fait que toutes les dérives immorales de ses contemporains n'étaient pas pénalisées par

Dieu (1.1-4). Celui-ci lui révéla Ses plans : Babylone serait son bras vengeur contre toutes les nations perverses (1.5-11).

Ceci ne convainquit pas le prophète qui ne comprenait pas comment l'Eternel pouvait utiliser des païens pour exécuter Ses sentences puisque elles-mêmes étaient perverties : un tel désordre allait-il perdurer (1.12-17) ? Observant le monde du haut de la muraille, il reçut une réponse qui semblait mieux lui convenir : le Seigneur allait aussi frapper les païens très rapidement (2.1-3). Dans la foulée, il prononça cinq malédictions contre cinq péchés : la malhonnêteté, la convoitise, l'édification sur le sang des autres, la débauche et l'idolâtrie (2.6-20).

L'apothéose de son message fut sa louange d'adoration à la gloire de l'Eternel où il affirmait sa confiance inébranlable dans les plans divins (3.1-19).

Plusieurs phrases rythment aujourd'hui encore la vie du chrétien : *« Le juste vivra par la foi (2.4) »* ; *« La terre sera remplie de la connaissance de l'Eternel (2.14) »* ; *« Si la vision tarde, attends-là (2.3) »*. Plus loin, Habacuc fait l'apologie de la foi conquérante (3.18-19).

Jérémie (le prophète qui pleure) (650 à 580 ACN) ou le prêtre martyr annonçant la déportation :

Jérémie est le prophète que nous avons le plus de facilité à positionner dans l'histoire du peuple élu car il n'hésite pas à dater les événements qu'il décrit : né près de Jérusalem dans une famille de sacrificateurs, il reçut sa vocation durant la treizième année du règne de Josias (soit vers 627 ACN).

Le thème principal de son œuvre semble axé sur le divorce prononcé entre Juda et l'Eternel, tant le déclin moral est grave. La durée exceptionnelle de son ministère (un demi-siècle, sous les règnes de Josias, Yoahaz, Yehoyaqim, Yehoyakîn et Sédécias ainsi qu'en déportation) et sa souffrance souvent ressassée rendent assez difficile la lecture de son livre.

Jérémie apparaît comme une sorte de « dépressif chronique » mais fidèle à l'apologie de son Dieu et à l'appartenance au peuple élu. Il faut dire que son rôle n'était pas réjouissant puisque la période qui lui est impartie commence à la fin de règne du dernier roi valable pour connaître ensuite les affres de ses successeurs qui tomberont sous la coupe des Babyloniens. Rappelons-nous que Sédécias, bien que placé sur le trône par Neboukadnetsar, chercha à se défaire de son mentor en s'alliant aux Egyptiens : le résultat fut la destruction du temple et de la ville, suivie par la déportation du peuple et de son meneur à qui l'on creva les yeux. Pourtant, Jérémie avait invité son monarque à accepter son statut de vassal qui représentait pour lui une certaine protection contre les appétits des voisins.

Le récit de Jérémie débute par la narration de sa naissance et de l'appel de l'Eternel (1) pour continuer par les mises en gardes et les reproches auxquels se joignent des promesses pour Juda (2-20). Il n'hésita pas à s'attaquer aux responsables politiques et spirituels (21-23) avant de prophétiser la destruction du Temple et la déportation durant septante ans (25-29).

S'ensuivirent des paroles de réconfort, proclamant la restauration de Juda (30-33) vite atténues par l'annonce des conséquences du comportement déviant de Yehoyaqim et Sédécias (34-39).

Pendant ce temps, certains Juifs continuèrent à vivre misérablement à Juda et Jérémie fut chargé de leur apporter de nouvelles prophéties (40-44). La consolation de Baruch (45) et les sentences divines contre les nations ennemies y firent suite (46-51), avant la prise de Jérusalem, la destruction du Temple et la déportation (52).

Dans ce dédale de prophéties, il n'est pas inutile d'épingler certains points importants et, ou intéressants pour parfaire notre approche de ce oint de Dieu.

Ainsi comprendrons-nous mieux son état psychologique lorsque nous saurons qu'il a vécu à de nombreuses reprises la douleur du rejet par ses proches (voisins (11.19-21), amis (20.10) et famille (12.6)), par ses pairs (sacrificateurs et prophètes (20.1-2)), par le peuple (26.8) et par le roi (36.23). A cela s'ajoutent les persécutions qui lui avaient d'ailleurs été prophétisées (1.19) : emprisonné (20.2), jeté dans une citerne boueuse (38.6) et déporté en Egypte (43.5-7).

Heureusement pour lui que l'Eternel l'avait revêtu de Sa puissance (1.9), qu'Il lui avait promis Sa présence à ses côtés (1.19) et qu'il l'a toujours soutenu par Sa Parole (15.16) tant et si bien que Jérémie a toujours été brûlant pour remplir sa mission (20.9).

Nous en terminerons en soulignant quelques thèmes importants.

Tableau 13 : Thèmes de Jérémie

Dieu = source d'eau vive (abandonnée pour des citernes trouées)	2.13
Impossibilité d'effacer l'iniquité commise	2.22
Un homme fidèle à Jérusalem = pardon assuré	5.1
Refus de marcher sur les bons sentiers, c'est-à-dire les anciens	6.16
Salut raté (le temps est passé)	8.20
Appel désespéré à la restauration	8.23
Méchanceté et fourberie de cœur humain	17.9
Le potier et l'argile	18
Les faux pasteurs	23
Chercher Dieu de tout notre cœur, c'est le trouver	29.13
Alliance nouvelle	31.31-34
Le Livre de la Loi brûlé	36.21-24

k. Les lamentations de Jérémie (585 ACN) ou les mots de la douleur :

Ce livre fait suite au récit relatant la vie de ce grand prophète. Des doutes sont parfois avancés quant au fait que ce soit Jérémie qui ait écrit ces complaintes car le style poétique cadre peu avec la plume habituelle de ce oint de Dieu : langage intense et passionné.

Le contenu est une succession sombre, voir même funeste, de réflexions sur le sort peu envié de Jérusalem : sa capture et sa destruction, en ce compris le symbole religieux qu'est le Temple. L'auteur semble subir un véritable deuil personnel.

La particularité de ce texte est la construction très poussée et rythmée. En effet, il est échafaudé sur base de l'alphabet hébreu :

- Les chapitres 1, 2, 4 et 5 débutent par une lettre afin de représenter la totalité de l'alphabet, soit 22 vers. Dans les trois premiers cités, il y a même des acrostiches (lettres lues verticalement et ayant un sens).

- Le troisième est basé sur une trilogie, soit trois vers par lettre, ce qui nous amène à 66 vers.

Le premier chapitre concerne principalement la souffrance provoquée par le désastre survenu. Jérémie ne s'y trompa guère : ce ne sont pas les ambitions démesurées des Babyloniens qui ont été responsables de la ruine, mais le comportement fautif et l'entêtement au niveau de l'idolâtrie du peuple juif.

Le constat est navrant : l'Eternel a laissé choir ses élus et les a livrés à cette condition misérable (2).

Mais Jérémie, bien que souffrant et persécuté personnellement, ne perdit pas confiance en son Créateur (3). Il releva, sans doute pour se donner du courage, la splendeur d'antan de Juda et la compare à la chute actuelle (4).

Tout pardon ne survenant qu'après repentance, il se fit le porte-drapeau du peuple pour implorer la grâce divine car il savait que Dieu accueille toujours ceux qui s'humilient. C'est d'autant plus le cas aujourd'hui grâce au sacrifice de la Croix.

E. La période de la captivité

Seul Juda a bénéficié de la présence d'envoyés de Dieu durant sa période de captivité : le Royaume du Nord s'est en effet vu définitivement condamné à la dissolution et ne nécessitait donc plus de recevoir les instructions quant aux plans établis par l'Eternel.

Trois prophètes, outre ceux qui cumulèrent les temps de la liberté et de la déportation, sont spécifiquement appelés pour couvrir cette époque d'une septantaine d'années : Daniel, Abdias et Ezéchiel.

Notons dès à présent que Daniel et Ezéchiel reçurent de nombreuses visions qui transcendaient leur époque pour nous annoncer des événements encore à survenir. Cette particularité, aussi présente chez Esaïe ou Jérémie, s'explique par le fait que le peuple juif était particulièrement désespéré et que seule la promesse d'un futur rayonnant lui permettait de tenir bon, fusse à très long terme.

a. Daniel (Dieu est mon juge) (604 – 535 ACN) ou l'interprète des rêves :

Ce livre est assez particulier car il se compose de deux parties distinctes : les six premiers chapitres sont une sorte d'autobiographie se rapprochant étonnamment de la vie du patriarche Joseph et les six autres s'apparentent à l'Apocalypse de Jean.

Daniel a été déporté avant la destruction de Jérusalem, vers 605 ACN, lorsque les Babyloniens décidèrent de ne laisser sur les terres que les ouvriers et les moins nantis, se préservant, pensaient-ils, d'une révolte toujours possible de la part de la noblesse juive.

Ainsi, dès son plus jeune âge, fut-il enseigné et formé, comme d'autres de ses compagnons, à la culture développée et raffinée de ses maîtres : de ce fait, il pouvait être considéré comme érudit et privilégié, sage et intelligent.

Ceci ne l'empêcha pas de continuer à honorer l'Eternel de tout son cœur : les récits extraordinaires qu'il narre en sont la preuve. Même les monarques païens reconnurent la grandeur du Dieu de Daniel et de ses amis. En fait, ils firent face à six situations majeures qui auraient pu les entraîner dans l'iniquité, mais qu'ils surmontèrent victorieusement :

- Ils respectèrent les règles alimentaires agréées par Dieu malgré les prescrits babyloniens (1.8-15). Daniel obtint la faveur de son gardien qui, au péril de sa vie, accepta que les jeunes serviteurs juifs s'alimentassent comme bon leur semblait.

- Daniel fut le héros de la lutte entre les présages occultes et les interprétations des rêves venant du discernement divin (2.1-47). Il s'agissait d'expliciter le rêve du Roi : une statue immense et splendide faite de divers matériaux et réduite en poussière par une pierre détachée de la montagne. C'était l'annonce de la chute de Babylone (survenue en 539 ACN) détruite par les Perses que seul Daniel fut capable de comprendre. Comme Joseph au temps de Pharaon, Daniel devint alors le personnage le plus puissant après le Roi.

- Les quatre compagnons assumèrent leur fidélité à Dieu en refusant l'idolâtrie (3.1-30). C'est le fameux épisode de la fournaise de laquelle les trois compagnons de Daniel sortirent miraculeusement indemnes. *Les livres apocryphes transcrivent la prière des compagnons de Daniel lorsqu'ils étaient dans la fournaise (entre 3.23 et 24).*

- La toute-puissance de Dieu brise l'orgueil du Roi (4.4-37). Celui-ci fut momentanément réduit à brouter l'herbe jusqu'à ce qu'il s'humiliât devant Lui.

- Dieu juge inéluctablement ceux qui ne Le respectent pas, même s'il s'agit d'un roi. Seul le serviteur de l'Eternel put le traduire et le relater (5.1-30). Belchatsar, successeur de Neboukadnetsar dont nous avons parlé ci-dessus, a vécu un épisode particulier puisque c'est une main « surnaturelle » qui est venue écrire sa fin : seul Daniel put lui lire la sentence définitive la veille de son trépas, malgré les engagements de récompenses faites à l'interprète divin.

- Les complots, fussent-ils mortels, ne l'emportent pas face à la protection de l'Eternel (6.1-28). Les rois et peuples dominateurs se succédèrent (Neboukadnetsar et Belchatsar, les Babyloniens ; Darius, le Mède ; Cyrus, le Perse), mais la notoriété de Daniel demeure, au point que Darius lui confia également un poste en vue. La jalousie de ses collègues, confrontés à l'excellence du service de Daniel, les poussa à utiliser les pires pièges afin de lui faire perdre la vie. Evidemment, face au choix de suivre les édits royaux ou les ordonnances divines, Daniel n'hésita pas un instant et se fit condamner : il se retrouva dans la fosse aux lions à cause de cette option courageuse. Sorti indemne, le traquenard fut découvert et ce furent les traîtres qui perdirent la vie.

Cette première partie ne serait pas totalement complète si nous ne relations encore deux histoires reprises dans les livres apocryphes (et ajoutées au douze chapitres initiaux), mais qui nous laissent assez perplexes. Nous en parlons maintenant car elles concernent également la biographie de notre héraut :

- *Daniel, alors encore enfant, défendit et innocenta une jeune épouse, nommée Suzanne, arrêtée et condamnée à mort pour adultère sur base de faux témoignages de deux anciens (13).*

- *Le récit de Bel et du dragon en deux épisodes glorieux pour Daniel qui était déjà considéré dans le royaume de Babylone à ce moment. Refusant d'adorer le dieu Bel, il fut mis au défi de démontrer que celui-ci n'était pas un dieu vivant comme l'Eternel. Les sacrificateurs babyloniens furent confondus malgré leurs ruses et trouvèrent la mort. Le temple fut détruit. Par la suite le roi de Babylone le défia à nouveau en l'opposant à un autre « dieu vivant », le dragon. Daniel l'affronta sans arme, mais avec intelligence, et le fait périr. Furieux d'avoir perdu leur idole, le peuple réclama Daniel pour le faire mourir à son tour : c'est un second détour par la fosse aux lions, pour une durée de sept jours cette fois, avec une intervention surnaturelle du prophète Habacuc qui lui apporta du potage. La fin de cette histoire ressemble furieusement à la première « mise en crocs » (14).*

La seconde phase des écrits de Daniel sont eschatologiques. Certains l'assimilent à « l'apocalypse » de Daniel par similitude avec celle de l'apôtre Jean. Il est d'ailleurs intéressant d'étudier la fin des temps en mettant en parallèle les deux œuvres car les mystères de l'un sont éclairés par l'autre et vice-versa.

En fait, Daniel relate des événements assez perturbants et souvent interprétés de manières divergentes : il est en effet difficile de déterminer les révélations avec exactitudes, surtout si l'on part d'hypothèses divergentes. Aussi, la prudence nous invite à parler sommairement de mystères imagés en précisant que ce sont bien des tentatives de compréhension et non des certitudes. Il serait audacieux de chercher à expliquer et dater chaque fait annoncé : la comparaison avec d'autres écrits est essentielle afin de tracer une ligne conductrice qui restera malgré tout assez floue et fluctuante. N'entrons pas dans les querelles stériles et dommageables pour nos églises.

Avant tout, retenons que nombre de ces prophéties se sont partiellement produites, mais que leur finalisation totale semble attendre la fin des temps : en effet, comme pour beaucoup d'autres envoyés, les paroles rapportées de Dieu auraient une double réalisation, immédiate (partielle) et future (complète).

Deux principes emportent une certaine unanimité :

- Il s'agit d'une révélation de l'histoire du monde et du peuple de Dieu.

- La fin de notre histoire est triomphale pour Dieu et Son royaume, Satan et le monde des ténèbres étant définitivement vaincus.

Les divers chapitres consacrés aux prophéties se répartissent comme suit :

- Les quatre bêtes qui représentent la succession des empires de Babylone, de Perse, de Grèce et de Rome (7).

- La venue et la domination du Messie (7).

- Le bélier et le bouc, représentant encore deux royaumes, Perse et Mède (8). Les cornes symbolisent sans doute Alexandre le Grand pour la grande, ses successeurs pour les quatre et l'antéchrist (Antiochus IV Epiphane) pour la petite.

- La Prière de Daniel suivie de la vision des 70 semaines dont la dernière est relative à la fin des temps (9).

- Après un jeûne de trois semaines, la vision des derniers temps (10 et 11).

- Le retour de Christ annoncé (12).

Ainsi prend fin le récit de Daniel qui fait aujourd'hui encore couler beaucoup d'encre : cela semble normal puisque, selon le prophète, au chapitre 12, verset 4, le contenu devait rester secret jusqu'à la fin des temps, que nous vivons aujourd'hui, afin que la connaissance augmente, pas qu'elle soit absolue.

Les pans de l'histoire impérialiste se renouvellent indéfiniment en s'amplifiant au travers des siècles d'histoire. Elles ne cesseront qu'au retour de Christ : à nous d'être vigilants.

b. Abdias (587 ACN) ou le prophète le moins disert :

Ce livre est plutôt un petit récit qui ne comporte que 21 versets. Aucune information concrète ne nous est parvenue concernant l'auteur.

La datation approximative penche pour situer cette prophétie au temps de la déportation, après la destruction de Jérusalem, au 6ème siècle ACN, bien qu'une autre thèse penche pour une survenance plus tôt dans l'histoire d'Israël, soit durant le règne de Yoram, roi de Juda, au 9ème siècle acn.

Or, l'histoire séculière nous raconte que les Edomites étaient alliés de Babylone pour la prise de Jérusalem et profitèrent donc du pillage consécutif. C'est pour cela que nous privilégions la datation plus tardive.

Le fil conducteur de ce document est la rivalité perpétuelle entre les Edomites, descendants d'Esaü, et les Israélites dont le père, Jacob, avait volé le droit d'aînesse à son jumeau, et ce, malgré le fait que les frangins s'étaient réconciliés.

Ainsi, Abdias fit ses remontrances aux Edomites sur le fait qu'ils avaient profité de la défaite de Juda pour la piller et rappela ainsi les faits qui se déroulèrent durant de nombreuses années entre les frères ennemis, dont le refus de laisser passer pacifiquement les troupes du peuple élu sur leur territoire et le bonheur de les voir détruits.

Evidemment, comme contre tout ennemi du peuple hébreu, des menaces de chute causée par l'orgueil furent émises, allant jusqu'à annoncer l'absorption pure et simple de leur pays par Israël et ce, par la grâce infinie de l'Eternel.

c. Ezéchiel (Dieu fortifie) (593-570) ou la sentinelle d'Israël :

Comme celui de Daniel, le livre d'Ezéchiel concerne les promesses de restauration future (parfois très lointaine au point de n'être pas encore survenue à ce jour) pour un peuple découragé et loin de sa terre. De ce fait, le symbolisme y est très présent.

Son message puissant semble s'inscrire dans la continuité de celui de Jérémie qu'Ezéchiel a peut-être connu dans la première partie de sa vie. Il semblerait que, contrairement à son illustre prédécesseur, Ezéchiel ait été déporté dès la première vague (2 R 24.11-16 ; Ez 1.1), tandis que l'autre restait à Jérusalem.

Ses paroles se situent donc aux environs des années 597 acn, lorsque la domination Babylonienne prend le pas sur l'Egyptienne et que les rois d'Israël ne sont plus que des vassaux sans pouvoir, à la solde de leur empereur.

Durant cet exil, l'Eternel l'utilisa pour rendre espoir à Son peuple au travers de visions de gloire pour Jérusalem, mais aussi pour faire comprendre au peuple élu que leur situation était consécutive à leur comportement et non pas à l'abandon divin.

Il commença donc par décrire de manière imagée et fantasmagorique la grandeur exceptionnelle de Dieu qui agit en Esprit (c'est une révélation pour cette époque) au point qu'il tomba face à terre pour adorer (1). Il tenta de ranimer la conscience de la nécessité d'une communion de ses compatriotes avec l'Eternel. Cette excellence contraste évidemment avec l'annonce du châtiment qui attendait

Juda qui, comme Israël, avait désobéi aux prescrits divins, profanant même le Temple et le sabbat, suivant de faux prophètes et formant des attelages disparates (1 à 24). Quelques épisodes d'anthologies sont à souligner :

- La vision de la gloire de Dieu et son appel, lui fils de sacrificateur, à devenir prophète de l'Eternel en captivité (1).

- Sa mission précisée (aller vers la maison d'Israël et en devenir la sentinelle) avec des signes forts comme le fait de manger les rouleaux de lamentations, son onction de l'Esprit ou le fait de ne parler que lorsqu'il y était autorisé, symbolisé par les cordes l'entravant et sa langue collée (2 et 3).

- L'imminence de la fin de Juda, l'idolâtrie et le jugement de Jérusalem (7 à 9).

- Les charbons ardents et le char (10).

- La responsabilité des chefs et des faux prophètes (11 et 13).

- La prévision de la captivité du roi Sédécias et la diaspora (12).

- Les faux adorateurs et les justes (14).

- Jérusalem symbolisée en bois de vigne et en prostituée et les images du cèdre et des aigles (17), de la lionne et des lionceaux (19).

- Le feu et l'épée de Dieu contre Son peuple (21).

- Les sœurs prostituées qu'étaient Samarie et Jérusalem (23) et la ruine de cette dernière (24).

Après cela, son discours semble prendre un tournant. Ainsi, après avoir prophétisé la ruine de Jérusalem au chapitre 24, il s'intéressa

au devenir des nations païennes : les Ammonites, les Moabites, les Edomites, les Philistins (25), Tyr (26 à 28), l'Egypte (29 à 32).
Comme pour beaucoup de livres prophétiques, la dernière partie est nettement plus réjouissante puisqu'il s'agit alors principalement de la restauration d'Israël. Là aussi, de nombreux passages exceptionnels parsèment le discours :

- La sentinelle (33).

- Les promesses aux brebis (34).

- La restauration d'Israël (36), la vision des os revenus à la vie et un royaume à nouveau unifié (37).

- Prophéties contre Gog (38 et 39).

Enfin, une particularité ne se trouvant nulle part ailleurs et non réalisée à ce jour est la description, avec forces et détails, d'un temple, autre que celui descendant du ciel annoncé en Apocalypse, qui trônerait au milieu de Jérusalem, capitale du pays à nouveau libre et partagé entre les tribus restaurées.

Cette énumération est telle que nous avons de la peine à imaginer que ce ne serait qu'une image symbolique inconsistante (40 à 48). Serait-ce un signe précurseur de la tribulation à venir ? En tout état de cause, l'histoire contemporaine rend possible, depuis une cinquantaine d'années, ce retour des quatre coins du monde des exilés de cette époque (tant en Assyrie qu'à Babylone), éparpillés au gré des événements qui ont parsemé les siècles d'histoire après la venue de Christ.

Remarquons que :

- La vie sera à nouveau organisée autour des principes sacerdotaux (44 à 46).

- L'image de la Vie par excellence est symbolisée par un torrent sortant du dessous du temple (47).
- Les nouvelles frontières du pays sont arrêtées (47) ainsi qu'une nouvelle répartition des tribus sur ces terres, mais avec la particularité d'un territoire réservé à l'Eternel et non plus à Juda, sur lequel se trouveront le sanctuaire et la ville sainte (48).

Ces promesses d'avenir sont résolument positives pour le peuple élu ! Observons cela avec intelligence afin de comprendre les signes de la fin des temps car l'enlèvement de l'Eglise est proche.

F. Le retour d'exil :

Après cette longue période d'exil, le retour en terre promise s'amorce.

a. Les livres du retour :

A l'origine, ces deux livres n'en formaient qu'un. Leur contenu concerne la reconstruction de Jérusalem lors de et après l'exil babylonien.

Esdras (536 ACN) ou le retour d'exil :

L'auteur du livre était probablement Esdras, issu d'une famille de sacrificateurs (7.1-6).

- Premier retour :

Le livre commence par l'édit de Cyrus qui permit à Zorobabel de retourner sur ses terres, accompagné non seulement de nombreux compagnons dont les sacrificateurs, mais aussi des objets du temple et de nombreux avoirs (1). Un dénombrement permit d'estimer à environ 50 000 âmes le nombre de candidats (2).

Grâce aux nombreux dons, l'autel fut rapidement reconstruit sous l'égide de Zorobabel et Josué (3). Mais cette initiative ne plaisait guère aux populations avoisinantes, éconduites lorsqu'elles proposèrent leur aide, qui parvinrent à obtenir un édit d'Artaxerxés, le successeur de Cyrus, afin de stopper les travaux (4). A cause de ce veto royal, ceux-ci ne reprirent que bien plus tard, avec le soutien de deux prophètes, Aggée et Zacharie, alors que Darius avait été intronisé roi (5). Mieux inspiré que son aïeul, Darius s'appuya sur la lettre de Cyrus pour laisser la construction poursuivre son cours jusqu'à ce qu'elle fut achevée et dédicacée (6).

- Seconde vague :

Esdras, sacrificateur et scribe fut ensuite chargé par Artaxerxés, successeur au trône depuis 7 ans, de faire respecter la Loi en Judée et à Jérusalem, pouvant lever l'impôt à condition de faire des sacrifices et des holocaustes. Le peuple juif était maître de sa destinée, sous la protection du grand roi (7). Un grand nombre de familles suivirent donc Esdras durant cette seconde vague de retour (8). A ce moment, Esdras prit une position ferme contre les égarements du peuple juif, intercéda pour lui et fit chasser les femmes étrangères du pays, interdisant formellement les attelages disparates (9 et 10).

La réalisation des promesses de retour au travers des prophètes semblait effective, Israël connaissant de sérieuses réformes religieuses et morales au moment de son installation sur sa terre d'origine.

<u>Néhémie ou l'autobiographie du redresseur de la muraille :</u>

Néhémie, échanson du roi Artaxerxés, était contemporain d'Esdras le sacrificateur.

Ce second livre prend une dimension spirituelle utile pour le chrétien actuel. En effet, les leçons données au travers du combat de la reconstruction des murailles de Jérusalem et l'aboutissement lié à la persévérance ne peuvent qu'encourager les églises actuelles et leurs leaders à tenir ferme contre les persécutions, tout en réalisant la vision de Dieu pour eux.

Au début du récit, la situation de Jérusalem était désastreuse : ses murailles avaient des brèches et ses portes étaient détruites. Les Hébreux restés sur place était à la merci de n'importe qui : c'est la situation que vivent nombres de régions, villes et pays où les églises, à force de compromissions diverses, ont laissé s'effriter leurs murailles et enlevé leurs portes, si pas simplement capitulé.

- La reconstruction :

Néhémie était parfaitement conscient de cela et décida de prendre la situation à bras le corps. Il commença à œuvrer par le pardon, la prière et le jeûne en s'appuyant sur les promesses de Dieu liées à l'obéissance : il plaça les fondements de la vision que le Seigneur lui avait confiée (1.4-11).

Il faut noter que cet engagement passa par l'abandon de ses privilèges puisque, d'une position de conseiller du Roi, il demanda volontairement, au péril de sa vie, à agir en terrain miné : chaque serviteur digne de ce nom renonce à ses avantages personnels afin de suivre Jésus en toutes circonstances (2.5). A noter que Dieu disposa favorablement le cœur du monarque païen afin que Ses plans s'accomplissent (2.1-11).

Suivit l'inspection des murailles de nuit : un temps d'attente et d'observation sont souvent nécessaires avant le passage à l'action (2.12-15). C'est dans le secret que Néhémie agissait : lorsque nous sommes choisis pour une mission divine spécifique, il est souvent nuisible de claironner ce que l'Eternel nous a mis à cœur de réaliser avant d'en avoir mesuré l'importance (2.16). C'est seulement après avoir respecté ce temps de préparation personnelle que le leader sera assez affermi pour exhorter d'autres à entrer en action à ses côtés (2.17-18), la moquerie et le dédain d'autrui n'étant plus capables de nous faire douter (2.19-20)

La nécessité de se structurer fut l'étape suivante (3).

Lorsque le peuple de Dieu se met en marche, l'ennemi est fortement contrarié et cherche à nous faire abandonner. Néhémie connaissait l'arme absolue contre ce type d'attaques : la vigilance (avertis), la prière, la veille (garde), les armes (du chrétien) et la foi (4.1-9).

Même après avoir découragé l'ennemi, la prudence restait de mise : certains travaillaient sur le terrain, armés, tandis que les autres montaient uniquement la garde en veillant à ce que tous demeurassent assez proches les uns des autres pour se protéger mutuellement. Le jour, les murailles étaient réparées et la nuit, la veille était instaurée, chacun demeurant sur le qui-vive (4.10-17). Le succès de notre mission est conditionné par ces principes : pendant que les ministères sont au front, c'est le rôle de sentinelle que chaque chrétien est amené à assurer afin que l'ennemi ne puisse faire vaciller les bases de nos implantations d'églises. Notre responsabilité est d'être à Son écoute permanente afin de déjouer les pièges du Malin.

Chaque entreprise est empreinte de dérapages qui ont pour origine la cupidité charnelle de certains. Néhémie appliquait les règles en vigueur : rappel à l'ordre et être un modèle, d'autant plus dans les périodes de disette et de souffrance (5).

Lorsque la muraille fut rétablie et qu'il ne restait que les portes à monter (qui sont autant de points faibles existant encore), les peuples voisins tentèrent, une fois encore, de distraire Néhémie de son ouvrage, sachant que, s'il s'éloignait, plus rien n'avancerait. Ils y ajoutèrent des rumeurs malfaisantes et les menaces qui avaient pour but d'effrayer les Juifs. C'est la détermination (refus de céder et de partir) et le démenti qui vinrent à bout de ces coups de boutoirs sournois (6).

Une fois le travail achevé, une autre organisation fut mise en place : celle qui servirait au fonctionnement quotidien de la ville et du temple. Les principes de précaution étaient toujours en vigueur : confier les rênes à des gens fidèles à Dieu, monter la garde et ne pas ouvrir les portes la nuit (7.1-3). Tous les Judéens revenus d'exil s'installaient maintenant (7.6-72).

- L'enseignement de la Loi :

La connaissance est synonyme de vie : Néhémie fit lire toute la loi par Esdras, scribe et sacrificateur, devant tout le peuple, dont une grande partie ignorait son contenu ; la fête des Huttes fut célébrée (8).

Le jeûne et la repentance étaient des passages obligés afin d'effacer les affres liés aux déportations (9) et les engagements personnels et collectifs purent enfin être prononcés et scellés dont, notamment, le soutien matériel pour le culte (10).

C'était une période propice pour accepter de nouveaux venus et les installer à la place qui leur revenait (11). L'état des lieux (dénombrement) accompagna cette nouvelle étape parce qu'il fallut des ministères pour s'occuper des premiers arrivés et de cette nouvelle foule (12.1-26).

Quand tout le monde fut présent, l'inauguration des murailles pu enfin avoir lieu (12.27-43) : notons que la communauté vivait et fonctionnait déjà avant cette inauguration. Une autre remarque est à souligner : ce n'est qu'après avoir achevé tout le travail, installé les nombreux habitants et dédicacé la reconstruction que les sacrificateurs et les Lévites se virent attribuer leurs salaires, basés évidemment sur les offrandes du peuple comme l'indique la Loi (12.44-47). Cela n'est pas anodin et devrait faire réfléchir nombre de serviteurs, sachant que Néhémie avait même offert sa table à de très nombreux convives durant tous les travaux et ainsi payé cher son sacrifice plutôt que de recevoir (5.17). S'il est normal que celui qui annonce la Parole de Dieu soit rétribué, chaque chose se passe en son temps. Pour sa part, le chrétien ne doit pas se cacher derrière la nouvelle alliance pour nier son devoir de soutien financier aux ministères, Jésus étant venu accomplir la Loi et les Prophètes, pas l'abolir (Mt 5.17).

Absent durant un certain temps, car retourné comme promis auprès du Roi Artaxerxés, Néhémie, lors d'un second séjour à Jérusalem, fut confronté à de nouveaux dérapages liés à la cupidité de quelques-uns qui allaient jusqu'à négliger le jour du sabbat et former des attelages disparates : la fermeté et l'intercession de Néhémie permirent de restaurer une vie conforme à Sa volonté (13).

Ce livre de Néhémie est un véritable trésor pour tous ceux qui ont reçu du Seigneur cette conviction d'aller de l'avant et de gagner du terrain sur l'ennemi.

b. Les prophètes du retour :

Il est évident que le retour devait aussi se faire sous l'égide d'envoyés de Dieu.

Aggée (520 ACN) ou l'annonce du descendant de David par le prophète du temple :

Aggée est ainsi dénommé parce que ses prophéties tournent exclusivement autour de la reconstruction du Temple et de ses conséquences.

Il intervient au moment de la seconde vague de retour sous le règne perse de Darius, son prédécesseur, Cyrus, vainqueur des Babyloniens, ayant déjà laissé revenir chez eux un premier groupe de Juifs. Ceux-ci avaient échoué dans la restauration de la religion de leurs ancêtres et Aggée fut envoyé par l'Eternel pour leur en faire connaître les raisons : le Temple, lieu de résidence de l'Eternel, était en ruines (1.4) ! Cette histoire est donc partiellement contemporaine de celle d'Esdras et Néhémie.

Après avoir vigoureusement reproché ce fait au peuple en soulignant que Dieu n'agissait pas en leur faveur à cause de cela (1.3-11), Aggée, comme Zacharie d'ailleurs, tenta alors de le stimuler afin que la construction débutât et aboutît à force de promesses de bénédictions (1.12-15).

Malgré la modestie de cette nouvelle demeure divine, d'apparence bien chétive pour ceux qui connurent le temple de Salomon, il chercha à encourager ses compatriotes en insistant sur le fait que la lignée royale de David allait reprendre vie à Jérusalem afin de donner naissance au Messie, une fois que la gloire de Yahvé eût rempli à nouveau le Saint des Saints (2.3-9). C'est en la personne de Zorobabel, petit fils de Yehoyaqim et officiellement gouverneur de Judée, que cette descendance royale se situait.

Il lui fit ses recommandations et annonça la destruction des nations païennes (2.20-23).

Zacharie (520 ACN) ou l'avenir glorieux d'Israël par le prophète visionnaire :

Zacharie remplit son ministère en même temps qu'Aggée et est, tout comme lui, cité dans le livre d'Esdras. Les deux prophètes sont intervenus au moment le plus difficile du retour : le découragement fait rage et les moyens font défaut.

Si Aggée annonçait l'arrivée du Messie, Zacharie, qui abondait dans le même sens, allait encore plus loin puisqu'il aborde le Royaume de Dieu instauré. Le retour dans les voies de Dieu, la persévérance et l'obéissance étaient donc de mise (1.1-6).

Il utilisa le principe des visions pour soutenir le peuple :

- Les chevaux annonçant le pardon de l'Eternel et la restauration de Jérusalem (1.7-17).

- Les quatre cornes et les quatre forgerons prophétisant la destruction des peuples qui ont soumis Israël (2.1-4).

- Le cordeau de mesure : Jérusalem deviendra le lieu de résidence de l'Eternel et connaîtra une grande gloire (2.5-17).

- Le souverain sacrificateur Josué : sa purification par Dieu, la promesse de devenir le responsable religieux à condition qu'il reste fidèle et le fait que toutes les fautes de Jérusalem seront annulées en un seul jour. A noter que dans ce passage, Dieu s'adresse directement à Satan pour le réprimander, lui qui accuse Josué (3).

- Le chandelier d'or et les deux oliviers : représente l'onction permanente de l'Esprit Saint sur Zorobabel et l'annonce de sa descendance messianique, malgré les apparences chétives du moment (4).

- Le rouleau volant : c'est la purification du pays de toute saleté spirituelle (5.1-4).

- Le boisseau : la méchanceté est ôtée de Jérusalem (5.5-11).

- Les quatre chars : ce sont les envoyés de Dieu qui agissent selon Ses directives (6.1-8).

La promesse faite à Josué prit ses effets à ce moment puisque Zacharie fut chargé d'aller l'oindre en tant que souverain sacrificateur de la part de l'Eternel. Il eut pour mission de veiller à l'édification du temple (6.9-15).

Après une prise de position ferme contre les jeûnes « traditionnels », Zacharie rappela la nécessité d'agir avec justice sous peine de

connaître la déroute qui fut jadis la leur (7). Tout a un temps et Dieu pardonne puisqu'il parla à nouveau du rétablissement de Jérusalem (8) et de l'anéantissement des nations païennes (9).
Un rappel essentiel que l'Eternel est le seul vrai Dieu, Celui qui libère (10 – 11.3) précédait un avertissement puissant contre les faux bergers (11.4-17). Notons au passage cette prophétie sur Judas qui vendit Jésus pour trente pièces (11.12-13 par rapport à Mt 26.14-15 ; 27.3, 5).

Au fur et à mesure que le livre avance, outre un changement de style dans l'écriture, Zacharie aborda de plus en plus précisément la fin des temps. Ainsi il annonça le fait que Jérusalem, se voyant défiée par toutes les nations de la terre unies dans ce seul but, serait délivrée parce qu'elle s'humilierait profondément devant l'Eternel présent, faisant penser aux récits de Daniel et de l'Apocalypse lors de la grande tribulation (12). La ville sainte serait entièrement purifiée et purgée de ses faux prophètes (13) et le Jour de l'Eternel surviendrait, Jour de victoire finale contre les nations (14).

Outre le récit, il est encore utile de souligner ces références au Messie :

- Sa venue dans une condition d'humilité et son entrée triomphante à Jérusalem, sur un ânon (9.9).

- Le Prince de Paix qui dominera sur toute chose (9.10).

- Trahi pour trente pièces d'or (11.12-13).

- Transpercé (12.10).

- Abandonné par ses brebis (13.7).

Malachie (460 à 430 ACN) ou l'amour de Dieu pour Son peuple bafoué :

Ses prophéties se présentent alors que la reconstruction du temple est achevée : il prépare donc l'arrivée du Messie en annonçant la nécessité de réformer bien des choses en Judée.
Son message est axé sur deux pôles principaux, désobéissance et obéissance, servis dans un style assez particulier pour un prophète puisque c'est l'Eternel qui dialogue avec son peuple plutôt que selon la formule traditionnelle : « L'Eternel a dit ».

Le peuple semblait étonné de ne pas être béni alors que la Maison de l'Eternel était reconstruite et que les sacrifices et rituels avaient repris : la lassitude s'emparait d'eux.

Malachie en connaissait les raisons :

- Le comportement ingrat du peuple face à l'amour de Dieu (1.1-5).

- Le manque de respect des sacrificateurs pour Yahvé et Ses ordonnances (1.6 à 2.9).

- Les attelages disparates et l'infidélité (2.10-16).

- Les paroles irréfléchies et les mensonges (2.17 ; 3.13-14).

- Les dîmes et les offrandes détournées (3.7-12).

- La convoitise par rapport aux méchants (3.15).

En même temps, Malachie reprit toute une série d'encourageantes bénédictions qui avaient pour but de motiver chacun à rentrer dans les voies :

- La Fidélité de Dieu (1.5 ; 3.6).

- La transcendance de son alliance sacrificielle avec les Lévites (2.5-7).

- Sa venue prochaine au sein de son peuple, précédée par Son messager (Jean-Baptiste), la purification et le jugement qui en découleront (3.1-6).

- La survie Israël (3.6).

- Les bénédictions liées à l'obéissance (3.10-12 ; 3.22).

- Le jour du jugement final et la victoire offerte au peuple fidèle (3.17-21).

- L'envoi d'Elie avant ce grand jour (3.23) afin d'éviter le pire (3.24).

Ce dernier livre invite donc les Israélites à se préparer à l'arrivée du Messie symbolisé par le prophète Elie qui a laissé un souvenir profond depuis son départ surnaturel (2 R 2.1-11 ; Mt 16.13-14 ; 17.3).

Un silence biblique de 400 ans suit ce dernier avertissement.

c. Esther, une histoire du peuple resté sur place :

Comme déjà signalé, certains Hébreux demeurèrent dans leur pays d'adoption plutôt que de choisir le chemin du retour.

Un livre controversé relate un épisode particulier qui met en exergue une femme s'appelant Esther.

Les particularités de ce livre est que la prière y est absente, que toute notion spirituelle, semble inexistante, que le nom de Dieu n'apparaît jamais, mais que celui d'un monarque païen s'y trouve à profusion : la conséquence en fut d'âpres négociations avant de l'intégrer au canon. Notons tout de même la présence de jeûnes et de comportements d'humiliation (sac et cendre).

La portée de ce récit trouve sa place au sein des Ecritures car, de manière certes larvée, il met en exergue la main protectrice de Dieu sur Son peuple, fût-il loin de ses frontières territoriales.

Esther était juive et rien ne la prédestinait à connaître un bouleversement aussi important dans sa vie que celui de devenir l'épouse d'un roi païen, Assuérus. Celui-ci avait une épouse, Vashti, qui osa le défier, en opposition au protocole, en refusant de le rejoindre durant les fastes par trop arrosés et dédiés à sa gloire. Cet incident diplomatique fit grand bruit car d'aucuns craignaient que leurs épouses respectives se rebiffent contre leur autorité de mâles : le résultat fut l'éloignement définitif de l'épouse indigne et la perte de son titre de reine (1).

Le roi ne pouvait rester seul et il lui plut de se choisir une nouvelle compagne : son dévolu se jeta sur une certaine Esther qui prit soin de cacher ses origines ethnique et sa parenté avec Mardochée, un Benjaminite, serviteur au Palais.

Pendant ce temps, Assuérus promut Hamann en tant que bras droit. Celui-ci s'empressa de s'en prendre à Mardochée qui refusait depuis toujours de s'incliner devant le roi et lui-même, restant fidèle à l'Eternel (3.1-5). Très ambitieux, il projeta de ne pas se limiter à un rebelle, mais à tous ceux de sa race (3.6) : il obtint le blanc-seing d'Assuérus (3.7-15).

Prévenu, Mardochée, au péril de sa vie, s'en référa à Esther : lui et les autres Juifs étaient désespérés, ayant pris le jeûne, le sac et la cendre. La reine les convia à jeûner avec elle trois jours ininterrompus afin de préparer son entrée à la cour alors que cela était interdit et frappé de mort sans invitation préalable d'Assuérus (4).
Le troisième jour, Esther, dans ses plus beaux atours royaux, pénétra dans la salle interdite et obtint la faveur de son époux qui lui tendit le

sceptre. Il accéda à sa première requête qui consistait à être invités, lui et son adjoint, à un repas en leur honneur durant lequel elle lui ferait part de ses attentes. Flatté de tant d'honneur, Hamann décida d'assouvir tous ses fantasmes meurtriers en faisant dresser une potence pour y pendre Mardochée dès le lendemain (5).

Or, durant la nuit, Assuérus, insomniaque, se mit à lire ses Chroniques : il s'aperçut que Mardochée lui avait sauvé la vie et n'en avait pas été récompensé. Contrairement à ses prévisions perverses, Hamann se vit obligé d'honorer le Juif Mardochée : il en fut humilié (6). Mais il n'eut pas le temps de réfléchir puisque l'on vint le quérir pour le festin d'Esther. Celle-ci demanda à Assuérus d'épargner sa vie et celle de son peuple, dénonçant les sombres desseins de Hamann. Découvert, celui-ci s'effondra et supplia Esther afin qu'elle intervînt, mais en vain : le roi le fit pendre à la potence destinée à Mardochée (7).

Les Juifs furent restaurés dans tout le pays en un seul jour et Mardochée se vit offrir la place de Hamann. Ils obtinrent même le droit de se défendre en exterminant tous ceux qui chercheraient à attenter à leurs vies (8). La vengeance fut bientôt effective et ils instaurèrent une fête annuelle du Pourim, en souvenir de ce passage de la détresse à l'exaltation (9).

Mardochée fit une carrière de premier ministre d'Assuérus au grand profit des Juifs (10).

Comme dans le livre de Daniel, certains ajouts apocryphes ont été apportés :

- *Le rêve de Mardochée (avant 1.1).*

- *Le contenu de la lettre du Roi confortant les desseins de Hamann (entre 3.13 et 3.14).*

- *La supplication de Mardochée à Esther (entre 4.8 et 4.9).*

- *La prière de Mardochée et d'Esther (entre 4.17 et 5.1) : à noter qu'ils prononcent à plusieurs reprises le nom de « Seigneur », ce qui rendrait la particularité du livre nulle si cette prière avait été reconnue comme partie intégrante du livre.*

- *L'action après la prière : le verset 5.2 a été modifié et les autres semblent montrer un état de faiblesse excessif, après seulement trois jours de jeûne, au moment où Esther s'est présentée devant le roi (entre 5.1 et 5.3).*

- *Le contenu de l'édit d'Assuérus autorisant les Juifs à défendre leur vie (entre 8.12 et 8.13).*

- *L'interprétation du songe de Mardochée par lui-même (après 10.3) : le nom de Dieu y est aussi utilisé.*

G. Réflexions concernant cette période des rois, la déportation et le retour :

Nous remarquerons quelques points essentiels :

- Les rois de Juda sont restés majoritairement fidèles, malheureusement de manière parcellaire, à l'Eternel, au contraire de leurs voisins Israéliens, du moins jusqu'à la déportation de ceux-ci en Assyrie.

- Les livres des Chroniques ont donc privilégié Juda, soulignant par ce fait que c'est cette lignée qui survivra dans les plans de Dieu, Israël ne revenant jamais de captivité (cela n'empêchant pas la présence de rescapés des dix tribus à Juda par la suite).

- Juda a été déporté parce que ses souverains ont emprunté progressivement le même chemin que leurs voisins, malgré les avertissements et l'exemple de la conséquence de leur déchéance.

- Juda n'a connu la captivité que plusieurs dizaines d'années après les dix autres tribus du Royaume du Nord, ce qui explique le plus grand nombre de prophètes qui lui sont attachés.

H. **Les écrits apocryphes :**

Comme signalé précédemment, ces livres seront abordés en tant qu'informations complémentaires et non comme vérités bibliques. Néanmoins, nous pourrons rattacher la plupart d'entre eux aux ouvrages canoniques selon la période décrite (qui est souvent différente de la date de rédaction) ou le style.

a. Tobie :

Cet ouvrage concerne l'histoire d'un certain Tobit resté obéissant à l'Eternel durant la captivité d'Israël en Assyrie. Devenu aveugle par accident, il invoqua Dieu afin de mourir. Son fils, Tobie, rencontre un homme, Azaria, qui était en fait l'incarnation de l'ange Raphaël envoyé pour intervenir en faveur de son père et d'une certaine Sara qui, sous l'emprise d'une malédiction, avait perdu successivement sept fiancés.

Tobie et Sara se marièrent et l'époux conjura le mauvais sort incarné en Asmodée, un démon, en brûlant les viscères d'un poisson la nuit de noce. Le fiel du poisson servit à enduire les yeux de Tobit : il retrouva miraculeusement la vue.

C'est donc un encouragement à faire confiance en la fidélité et la providence de Dieu en toutes circonstances.

b. Judith :

Ce sont les aventures décalées d'une héroïne supplémentaire qui sauva son peuple des griffes du roi babylonien (bien que le texte parle de roi assyrien), Neboukadnetsar, en le charmant et en le décapitant.

Cette victoire fit fuir son armée et Judith loua l'Eternel avec son peuple.

Notons que la vérité historique est toute autre.

c. La Sagesse de Salomon :

Nous entrons dans une œuvre philosophique juive empreinte des valeurs de l'Ancien Testament, mais aussi d'autres sources grecques telles que le stoïcisme et le platonisme.

Le but principal est de pousser le lecteur à rechercher la sagesse qui est la vie imprégnée de Dieu.

Pour donner plus de poids à ce concept, l'histoire d'Israël est relatée en soulignant l'intervention efficace de la sagesse.

d. L'Ecclésiastique (ou Siracide) :

Nous restons dans le même registre que la Sagesse de Salomon ou que le livre des Proverbes. Il est également intitulé « Sagesse de Josué ben Sira ».

Le contenu est réparti entre l'appel à la crainte de Dieu et l'obéissance à Sa loi, mettant en exergue la vérité, la maîtrise de soi, l'humilité et une énumération de serviteurs fidèles s'étant conduits selon la sagesse.

e. Baruch et la lettre de Jérémie :

L'auteur en serait le secrétaire de Jérémie, Baruch. Le contenu se situerait lors de l'exil de Juda à Babylone.

Le livre de Baruch met en évidence la foi en l'Eternel, quelles que soient les circonstances, même contraires et sombres, qui met la joie et la paix dans le cœur. Il se compose de brèves allocutions, de prières, de diverses paroles plaintives ou fortifiantes.

La brève lettre de Jérémie est un rappel à l'ordre du prophète, dénonçant le comportement idolâtre et affirmant la nécessité de respecter un culte vrai.

f. 1 et 2 Maccabées :

L'histoire se situe aux environs de 175 à 130 ACN : ceci comporte un intérêt historique certain puisque c'est le seul ouvrage « pseudo biblique » qui aborde cette période imbriquée dans le silence de quatre siècles, depuis Malachie, jusqu'au Nouveau Testament.

Les deux livres relatent, sous un angle différent, un peu comme les livres des monarchies (Rois et Chroniques), la révolte des Juifs contre l'oppresseur Syrien. C'est Antiochus IV Epiphane, roi Syrien très agressif, qui profana le temple de l'Eternel, qui s'est vu contré par Judas Maccabées, chef juif.

La suite du récit reprend les divers faits d'armes de ce dernier et de sa famille pour s'achever à la mort de Jean Hyrcan, son neveu.

L'objectif de ce récit, comportant quelques contradictions, est de prouver la fidélité de Dieu envers Son peuple, même durant cette période de silence prophétique. A cause de son comportement outrageant envers l'Eternel et le temple, certains ont assimilé

Epiphane à l'antéchrist, mais à tort puisque celui-ci n'était pas un chef puissant, mais un roitelet soumis à la volonté d'autres monarques.

3. <u>Conclusion :</u>

Ainsi s'achève l'abord rapide de l'Ancien Testament : chaque livre a été replacé dans son contexte historique, nous permettant de mieux comprendre leur portée.

Ceci est une approche arbitraire et parcellaire, mais suffisante pour maintenant mieux relier la plus grande partie de la Bible à la plus récente.

L'ancienne alliance si souvent galvaudée par l'homme égocentrique et pécheur appelait à la venue d'un Messie digne de Dieu, soit Son fils unique, Dieu Lui-même et sauveur non seulement du peuple juif, mais aussi de l'entièreté de l'humanité repentante.

Nous allons donc nous attarder maintenant au Nouveau Testament.

Chapitre 4 : Le Nouveau Testament.

L'approche moins rébarbative de l'Ancien Testament nous a sans doute permis de comprendre pourquoi Jésus n'est pas venu pour abolir la Loi et les prophètes, mais l'accomplir. En effet, toute la première partie de la Bible amène le peuple élu à réclamer la venue du Messie afin d'instaurer l'ordre divin sur terre.

La portée spirituelle des Ecritures ouvre alors à une compréhension plus complète des textes de la Nouvelle Alliance signée non plus entre Israël et l'Eternel et basée sur les œuvres, mais entre l'humanité et Dieu, axée sur la grâce. Les termes « nouvelle alliance » ressortent notamment en Matthieu (26.28), en Luc (22.20) et en Corinthiens (1 Co 11.25).

1. Composition :

L'ordre des textes est, comme pour l'Ancien Testament, différent de la présentation dont nous avons l'habitude. Il y a manifestement une volonté d'apporter un enseignement et une révélation progressive de la part de ceux qui ont choisi cet anachronisme.

Pour notre part, nous resterons fidèles au concept développé dans le chapitre précédent, c'est-à-dire, repositionner au mieux les écrits en fonction de la chronologie historique afin de prendre connaissance du contenu dans le même ordre que nos ancêtres.

A. Division du contenu :

Il se dessine une logique de progression dans l'abord du Nouveau Testament. En effet, la révélation de la Nouvelle Alliance nous a été donnée par Jésus au travers des Evangiles pour être mises en pratique dans les Actes des Apôtres.

Ensuite, la doctrine chrétienne se développe au travers des Epîtres pour terminer par l'aboutissement à la perfection finale au travers de l'Apocalypse.

a. Les Evangiles :

Au nombre de quatre, ils sont le compte-rendu historique et spirituel de la venue du Messie sur terre. La personne centrale est donc Jésus qui dissémine son enseignement, utilise la puissance de l'Esprit Saint pour le faire connaître au monde, à partir de la Judée et des régions avoisinantes, et accomplit ce que les prophètes avaient annoncé dans les Ecritures.

b. Les Actes des Apôtres :

Continuité parfaite des Evangiles, les Actes relatent, après la descente du Saint Esprit à la Pentecôte, la naissance des premières Eglises et des appels à la mission.

c. Les Epîtres :

Au nombre de 21, elles sont la nourriture envoyée par certains apôtres aux églises locales, qu'il s'agisse de leur apporter un éclairage nouveau, de les exhorter à tenir ferme ou de les rappeler à l'ordre.

Ces missives demeurent d'une actualité extraordinaire pour nos assemblées tant les domaines abordés sont nombreux et riches.

d. La Prophétie :

Le livre de l'Apocalypse est le seul prophétique à part entière, bien que d'autres passages du Nouveau testament relatent également la fin des temps.

Les particularités de celui-ci sont la manière dont il a été révélé à l'apôtre Jean et son contenu (parfaitement connectable aux autres récits tels que Daniel ou Matthieu 24 et 25).

Pour le Chrétien, c'est l'apothéose de toute la création : la vie éternelle et parfaite nous attend après que nous ayons subi les conséquences de la chute et les joies de la conversion.

B. Chronologie des livres :

La classification est évidemment sujette à discussion car il est toujours loisible de critiquer telle ou telle datation (toujours approximative évidemment) : l'important est de comprendre la position probable des écrits par rapport à l'héritage biblique.

a. Les Evangiles :

Un seul sujet de discussion : il semblerait que l'Evangile de Marc soit antérieur à Matthieu. Nous aurons donc :

- Marc (vers 60)

- Matthieu (environ entre 60 et 80)

- Luc (vers 75-85)

Ces trois premiers livres sont appelés « synoptiques » simplement parce qu'ils abordent les événements de la même manière, avec un style de rédaction différent, des parties personnelles et un public cible spécifique pour chacun d'entre eux.

- Jean (vers 95)

Il a une portée beaucoup plus spirituelle et complète les autres.

b. Les Actes des Apôtres :

Ils couvrent la période des premières communautés chrétiennes, juste après l'ascension de Jésus et les diverses missions des premiers apôtres. Luc l'a écrit dans la continuité de son Evangile, soit vers 85.

c. Les Epîtres de Paul :

Elles se répartissent en quatre groupes, et sont consécutives aux les voyages missionnaires décrits dans le livre des Actes des Apôtres :

- Galates (48) 1 et 2 Thessaloniciens (50 et 51)
- 1 et 2 Corinthiens (56 et 57), Romains (58)
- Philippiens, Philémon, Colossiens, Ephésiens (60 et 61)
- 1 et 2 Timothée, Tite (64 à 66)

Reste l'Epître aux Hébreux (environ 70) pour laquelle la polémique au sujet de l'auteur prête toujours à discussion.

d. Les Epîtres Générales :

- Jacques (45 à 48)
- 1 et 2 Pierre (64)
- Jude (64 à 70)
- 1-2-3 Jean (90 à 95)

e. L'Apocalypse ou Révélation :

Les écrits de Jean sont postérieurs aux autres : l'Apocalypse a été rédigée sur l'île de Patmos, lieu d'exil, vraisemblablement aux alentours de la fin du premier siècle.

2. Résumé des livres :

Nous allons entreprendre ce voyage un peu différemment que celui de l'Ancien Testament, nous contentant souvent de faire ressortir les thèmes essentiels ou d'établir des tableaux comparatifs sans nous enfoncer dans des descriptifs théologiques interminables.

En effet, à ce stade, il est surtout important de savoir vers quel livre se diriger afin d'y trouver une source d'information suffisante plutôt que de conter de belles histoires. Nous aurons l'occasion, dans le cadre d'autres ouvrages, d'approfondir plus en avant la richesse inépuisable du Nouveau Testament.

A. Les Evangiles (ou biographies de Jésus) :

Comme nous l'avons signalé, les écrits de Marc, Matthieu et Luc sont similaires, tandis que celui de Jean est particulier.

Evangile signifie « Bonne Nouvelle ». Ils ont pour but de relater la venue du Messie avec un angle d'attaque compréhensible pour les destinataires, érudits pour certains, ignorants pour d'autres.

Deux des auteurs, Matthieu et Jean sont des privilégiés puisqu'ils étaient du nombre des apôtres durant la vie de Jésus.
De Marc, on connaît peu de choses, mais il semble avoir été assez proche de ce groupe restreint, sans toutefois y avoir été appelé. Certains pensent qu'il a rédigé les « mémoires » de l'apôtre Pierre, ce qui justifierait les nombreuses similitudes entre son écrit et celui de Matthieu (environ 600 versets « communs »). D'autres relèvent qu'il s'agirait de Jean Marc, compagnon momentané de Paul et Barnabbas. Il est possible que les deux versions cohabitent.

Luc était médecin et proche de Paul. Erudit, il semble avoir agi tel un journaliste d'investigation objectif, recherchant des témoins ou anecdotes afin de les transcrire.

En tenant compte des quelques divergences de noms, sachant que beaucoup étaient « rebaptisés », la liste des douze apôtres ou « envoyés » désignés par Jésus est la suivante :

Tableau 14 : les apôtres

	Nom de l'apôtre	Surnom ou autre nom	Liens de parenté
Les trois proches	Simon	Pierre	Frère d'André
	Jacques	Fils du Tonnerre	Frère de Jean
	Jean	Fils du Tonnerre et le disciple bien-aimé	Frère de Jacques

Les autres	André		Frère de Pierre
	Philippe		
	Barthélemy	Nathanaël	
	Thomas	Didyme (jumeau)	
	Matthieu	Lévi	
	Jacques	Le Mineur	
	Jude	Thaddée	
	Simon	Le Zélote	
Le traître	Judas	L'Iscariote	

a. <u>Les Evangiles synoptiques</u> :

<u>Marc :</u>

C'est l'écrit le plus concis de tous : il semble que Marc ne se soit pas embarrassé de détails inutiles et aie visé l'essentiel, surtout que durant la rédaction (vers 60 PCN), les persécutions contre les chrétiens avaient débuté sous le règne du funeste Néron. Sans doute était-il mû par le besoin de dispenser un témoignage concret et véridique sur Jésus pour couper court aux diverses hérésies naissantes au sein et en dehors des premières communautés chrétiennes : il désirait décrire la raison de la venue du Messie et expliquer mieux le salut. Soulignons sa propension à utiliser le terme « aussitôt » (40 fois au bas mot) qui donne une idée d'action non relâchée. De plus, il débute son histoire par les prémices du ministère de Jésus, sans autre fioriture.

Cette concision n'empêche pas une qualité littéraire indéniable. Ce gros résumé fut certainement une source pour les deux autres évangélistes que sont Matthieu et Luc.

Il s'adresse aux chrétiens gentils, c'est-à-dire aux non juifs : de ce fait, il fait peu appel à des textes de l'Ancien Testament puisque son public ne les connaît pas et il explicite diverses interventions de Jésus empreintes de tradition juive.

Pour Marc, Jésus est le fils de Dieu et il agit principalement par des signes et des miracles prouvant sa toute-puissance, précisant même à plusieurs reprises que les démons et esprits impurs confessent sa stature divine :

- Huit concernent la maladie
- Cinq, les forces de la nature
- Quatre, les démons
- Deux, la mort

En contrepartie, il souligne Son humanité en tant qu'être sensible et parfois limité physiquement : déception, fatigue, étonnement, indignation, découragement ... sont les termes utilisés

Une constance est de mise : Jésus est venu pour servir Dieu et les hommes (non pour être servi) et pour donner Sa vie, sur la croix, en rançon de la culpabilité de tous les humains. Cette souffrance endurée se propagera, mais dans une moindre mesure souvent, sur ceux qui le suivront : son courage devrait être imité.

Outre le fait que les derniers versets semblent avoir été ajoutés ultérieurement, Marc se singularise de ses collègues lorsqu'il relate l'arrestation de Jésus puisqu'il y parle d'un jeune homme qui a pris la fuite, nu.

Enfin, il place dans la bouche d'un centurion romain le fait que Jésus était sûrement le Fils de Dieu : ceci n'est évidemment pas innocent puisque, en une seule affirmation, il confirme sa théorie au travers des principaux persécuteurs des disciples.

L'Evangile pourrait se découper de la sorte :

- Préparation au démarrage du ministère de Jésus dont Jean-Baptiste, baptême, Saint Esprit, désert (1.1 à 1.13).

- Ministère de Jésus : en Galilée, à Tyr et Sidon puis à nouveau au nord de la Galilée (1.14 à 9.1).

- La Transfiguration, Jérusalem et la passion (9.2 à 15.47).

- La résurrection et l'envoi en mission (16.1 à 16.20).

C'est sans doute le récit le plus accessible pour le néophyte : conseillons-en donc sa lecture sans modération !

Matthieu :

Matthieu est de descendance sacerdotale, de la tribu de Lévi dont il porte le nom, mais pas la fonction : il est collecteur d'impôt et, de ce fait, considéré comme un collaborateur. Il a rédigé son Evangile un peu plus tard que Marc, vers 60-80 dans le but d'apporter une lumière nouvelle à ses compatriotes Juifs. Il cherche à les convaincre que Jésus est le Roi, le Messie, l'Envoyé divin, l'Oint, faisant pas moins de 100 références aux Ecritures (prophéties et citations) et utilisant régulièrement les expressions « afin que s'accomplisse les Ecritures ; Royaume (des cieux) ».

Pour souligner l'appartenance de son Maître à la lignée de David, il se lance dans une généalogie précise, relevant 42 générations jusqu'à Christ en remontant à notre prédécesseur commun, Abraham, avec pour objectif de souligner la portée universelle du salut. Notons au passage qu'il cite des femmes telles que Ruth ou l'épouse d'Urie et David.

Celui qui accepte Jésus devient disciple et celui qui le refuse, rejette Dieu : la manière de se comporter est le second leitmotiv de cet Evangile, après avoir compris qui est Christ.

Ainsi, le découpage du texte pourrait se faire de cette manière :

- Généalogie (1.1 à 1.17).
- Les années antérieures au Ministère de Jésus (1.18 à 4.25).
- Le sermon sur la montagne, la plus belle prédication (5.1 à 7.29).
- Ministère de Jésus (8.1 à 19.30).
- Jérusalem (20.1 à 25.46).
- Passion, résurrection et envoi en mission (26.1 à 28.20).

Comme déjà signalé pour certains points, outre cette présentation très succincte, l'Evangile de Matthieu contient des particularités dignes d'intérêt :

- La visite des mages (2.1).
- La fuite en Egypte (2.13-14).
- Le massacre des innocents (2.16).
- Pierre marche sur l'eau (14.28-31).
- Judas accepte les trente pièces (26.15) et les restitue (27.3-10).
- Certaines paraboles (voir tableau ad hoc).

- L'annonce de l'Eglise universelle, Israël ne détenant plus l'exclusivité (21.43), Pierre étant désigné comme fondateur (16.18) et tous les disciples en tant que missionnaires (28.18-20). Il va même jusqu'à paraphraser les propos de Jésus sur la discipline à faire respecter au sein de l'assemblée (18.15-17).

Le fil conducteur, Christ, demeure permanent :

Thèmes	références
Généalogie	1.1-17
Mages et l'adoration	2.1-12
Son prédécesseur : Jean-Baptiste	3.1-12
Victoire sur la tentation	4.1-11
Annonce du Royaume	4.17
Appel des apôtres	4.18-22
Ses instructions	5 à 7
Ses actes	8 à 12
Ses paraboles	13
Ses miracles	14 et 15
Les prémices de sa Gloire	16 et 17
Le Royaume	18 à 20
L'entrée triomphale à Jérusalem	21.1-11
Son autorité	21.12 à 22.14
La victoire sur les autorités religieuses	22.15 à 23.39
La connaissance de la fin des temps	24 et 25
La trahison, le procès et la mort	26 et 27
La résurrection et la mission	28

Une autre particularité est le fait que tout le texte est construit sur base de discours de Jésus qui en font un manuel de vie pratique du croyant :

- Le Sermon sur la montagne (5 à 7) : bien des politiciens et orateurs publics envient cette verve excellente. Christ commence en force avec les béatitudes (5.1-12), un véritable trésor de vie et d'espoir, pour ensuite aborder la plupart des points essentiels de la foi mise en œuvre (5.13-16) : la Loi et les Prophètes accomplis au travers de l'Amour (5.17-48), la prière (dont le « notre Père »), le jeûne et l'offrande (6.1-18), l'abandon du matérialisme (6.19-24), la sécurité en Dieu (6.25-34), le non jugement (7.1-5), le respect de ce qui est saint (7.5), l'exaucement de la prière (7.7-11) et la mise en pratique de la Parole (7.12-27).

- La Mission des douze apôtres (10.6-42) : il s'agit d'une entrevue privée et restreinte pour l'époque, mais qui élargit sa portée à chaque chrétien devenu missionnaire depuis la résurrection de Jésus. C'est une bonne base de départ pour nous préparer à la tâche qui nous attend : cibler nos auditeurs selon les ordres reçus et ne pas s'embarrasser des choses du monde (10.6-15), subir des persécutions inévitables (10.16-23), savoir que Dieu veille sur nous en toutes circonstances (10.24-33) et faire des choix en plaçant l'Eternel avant sa propre famille (10.34-42).

- Les Paraboles (13.3-52) : le semeur (13.4-23), l'ivraie (13.24-30 ; 36-43), le grain de moutarde (13.31-32), le levain (13.33), le trésor caché (13.44-50) traduisent de manière imagée des vérités sur le Royaume de Dieu.

- Etre comme un petit enfant (18.2-35) : Jésus explique le besoin et la portée de l'humilité et du pardon.

- La fin des temps (24.1 à 25.46) : c'est de l'eschatologie pure. Jésus y décrit les événements qui permettront à chacun d'observer la situation du monde et de la relier aux plans parfaits de Dieu : guerres et menaces, faux Christs, famines, tremblements de terre ne marqueront que le début. Persécutions des chrétiens qui tiendront difficilement, faux prophètes, augmentation de l'iniquité, évangélisation dans le monde entier seront les signes de la fin réelle, terrible et meurtrière : la tribulation qui atteindra des sommets encore inégalés à ce jour. C'est seulement après cela que reviendra Christ dans toute Sa gloire. Diverses paraboles dessinent plus clairement ces phénomènes inquiétants pour le monde et réjouissant pour nous car plus ces signes sont forts, plus le retour de notre Roi approche, à condition que nous remplissions notre rôle efficacement. La fin du discours relate le jugement des nations.

Celui qui prend la peine d'étudier cet Evangile et de mettre en pratique ce qu'il contient prend une option forte pour une vie sanctifiée à la hauteur des récompenses promises.

Luc :

Matthieu et Marc, a priori proches de Jésus, étaient juifs. Luc est tout différent : de culture grecque, il n'a pas fréquenté de près ou de loin le Sauveur, mais il s'est inspiré de divers témoignages et en rend le contenu sous forme historique. Outre cet Evangile, il publiera un second tome qui relate la vie des premiers chrétiens, le Livre des Actes des Apôtres dont nous parlerons plus tard. La date de rédaction est incertaine, certainement un peu après Matthieu puisque Luc s'inspire fortement de ses deux illustres collègues, l'inverse étant moins probable.

Il s'adresse à une personne dénommée Théophile dont nous ne connaissons rien. Le contenu et le style de son ouvrage laisse transparaître la volonté d'expliciter les lois juives, certainement inconnues du destinataire, et la langue hébraïque en la traduisant en grec. Le lecteur principal serait donc un gentil, grec d'origine. Luc est médecin : cela se ressent dans la structure scientifique de son exposé. Il précise même qu'il a vérifié tous les détails qu'il a reçus.

Le but recherché par Luc est d'asseoir définitivement la vérité sur la vie de Jésus qui annonce, au début de Son ministère, la réalisation de la prophétie d'Esaïe (Lc 4.18-21), selon des témoins oculaires, qui se font vieillissants ou subissent le martyr.

Comme Matthieu, il fait la généalogie de Jésus, en remontant à l'aune de l'humanité, soit Adam, ce qui est beaucoup plus parlant pour un païen. Il va d'ailleurs relier tout le fil de la vie de Christ à des événements contemporains du monde. Il détient des données tellement précises de l'enfance de Jésus qu'il est probable qu'il ait rencontré Marie ou quelqu'un de très proche. Son souci de la précision explique pourquoi la vie de Jésus est mieux détaillée qu'ailleurs.

Plus de la moitié du livre de Luc n'est pas commun aux autres : énumérer toutes les différences serait fastidieux, mais nous retrouverons plusieurs originalités dont des paraboles ou des miracles dans les tableaux comparatifs.

La structure de son texte pourrait se présenter ainsi :

- Présentation (1.1-4).
- Enfance et préparation au Ministère de Jésus (1.5 à 4.13).
- Ministère en Galilée (4.14 à 9.50).
- De Galilée à Jérusalem (9.51 à 19.27).
- La Passion (19.28 à 23.56).
- La résurrection et l'ascension (24).

La construction du récit est basée sur une évolution progressive, comme un circuit semblable à celui de David, de Bethléem à Jérusalem et l'accomplissement des plans de Dieu pour le rachat de l'humanité. Par ce principe, les événements décrits divergent des deux autres Evangiles surtout dans leur ordre d'apparition et leur déroulement.

Jérusalem est le point central de cet itinéraire : bébé, Jésus est présenté au temple et, ressuscité, il rejoint ses disciples dans la capitale. Les Actes débuteront d'ailleurs là-bas aussi.

La particularité de cet Evangile est dans la manière d'aborder Dieu et Christ : il met en exergue le plan de grâce pour tous du premier et la condition humaine du second en soulignant ses sentiments d'amour pour les personnes fragiles (pauvres, veuves, exclus, pécheurs, ...).

La nécessité d'une vie de prière est nettement plus présente que dans les autres écrits : trois paraboles originales {l'ami qui frappe à minuit (11.5-8), le juge inique (18.1-8) et le pharisien et le collecteur d'impôts (18.9-14)} et toute une série originale de prières de Jésus en sont la démonstration (lors de Son baptême, dans le désert, pour le choix des disciples, lors de la transfiguration, avant son enseignement sur le « Notre Père », pour Pierre, à Gethsémané, sur la croix).

A noter aussi que nombre de cantiques chrétiens ont pour origine les écrits de Luc : Ave Maria, Magnificat, Benedictus, Gloria in Excelsis, Nunc Dimitis sont originaires des deux premiers chapitres, lorsque l'Ange, Marie, Zacharie, d'autres anges et Siméon ont loué l'Eternel pour la réalisation de Ses plans concernant le Messie.

Les femmes ne sont pas en reste : les deux Marie, Elisabeth, Marthe, les jeunes filles de Jérusalem et plusieurs veuves tiennent une place en vue alors que la tradition juive de l'époque les considérait comme des individus de seconde zone.

Enfin, nous retiendrons encore quelques faits particuliers : Le contenu du dialogue lors de la transfiguration (9.30-31), Jésus pleure sur Jérusalem (19.41), Sa sueur devenant des gouttes de sang (22.44), Sa présence face au tétrarque Hérode (23.8), la promesse au brigand qui l'a reconnu (23.40) et les disciples d'Emmaüs (24.13-31).

b. L'Evangile de Jean :

Si cet Evangile n'est pas mis sur le même niveau que les trois premiers, c'est à cause de ses différences notoires : il aborde la vie et le message de Jésus d'une manière diamétralement différente, évitant de baser son contenu sur celui de ses frères, malgré le fait que Jean ait rédigé celui-ci bien après les autres (environ 95 pcn). Par exemple, les chapitres 14 à 17 sont totalement originaux : le discours de la chambre haute.

C'est la volonté d'apporter une dimension spirituelle jamais atteinte jusque-là qui a sans aucun doute motivé Jean, le plus jeune apôtre, très proche de Jésus (avec Jacques et Pierre, mais il souligne lui-même qu'il était le « préféré » (13.23 ; 21.20)). L'Eglise devait comprendre dans quel terrain elle avait à se mouvoir en attendant le retour de Christ et l'accomplissement de la fin des temps. Cet enseignement mature trouve son prolongement dans trois courtes Epîtres du nom de l'auteur et surtout dans l'Apocalypse, véritable perle prophétique.

Par son développement, il a reçu la « distinction » d'apôtre de l'amour, pourtant initialement nommé « fils du tonnerre » par son Maître. En effet, il a mis en exergue ce que Paul décrira plus tard comme l'apothéose de la vie chrétienne (1 Co 13) : sacrifier gratuitement ce que l'on a de plus cher par amour pour autrui est le propre de l'Eternel (3.16 ; 15.13). Ce sentiment puissant n'a évidemment de sens que si le pardon l'accompagne. Jean en connaît quelque chose puisqu'il vit en exil à Patmos lors de la rédaction de ses œuvres.

Le prologue est une généalogie très particulière : elle est spirituelle, personnifiant d'entrée la Parole en tant que Jésus-Christ, Dieu, Créateur et Sauveur. Ensuite, les points communs avec les autres Evangiles sont enrichis d'une portée jamais acquise à ce moment et des détails sont ajoutés au récit des autres.

Ainsi, le plan de l'ouvrage pourrait se présenter ainsi :

- Introduction : Jésus est la Parole (1.1-18).

- Ministère de Jésus en Galilée (1.19 à 12.50).

- L'entretien avec Ses disciples dans la chambre haute à Jérusalem (13.1 à 17.26).

- La passion (18 et 19).

- Résurrection et apparitions (20 et 21)

Mais le plus frappant est la manière dont Jésus se présente : « Je suis ... » (Jn 8.28), rappelant à s'y méprendre la façon de se nommer de Dieu face à Moïse (Ex 3.14). Ainsi, nous retrouvons l'autoportrait spirituel de notre Sauveur : Le Messie (4.26) ; Le pain de vie (6.35, 48, 51) ; La lumière du monde (8.12 ; 9.5) ; D'en haut (8.23) ; Eternel (8.58) ; La porte (10.7, 9) ; Le bon Berger (10.11) ; Le Fils de Dieu (10.36) ; La résurrection et la vie (11.25) ; Le Seigneur et le Maître (13.13) ; Le chemin, la vérité et la vie (14.6) ; Le vrai cep (15.1, 5) ; Le Roi (18.37).

Plus de la moitié de l'Evangile se concentre sur Jésus et Ses paroles. Ainsi, Il :

- Donne l'eau vive qui offre la vie éternelle (4.10-14 ; 5.26 ; 7.38).
- Est prophète (4.19) et Rabbi (4.31).
- Est envoyé par Dieu pour accomplir Son œuvre (4.34 ; 5.19).
- Nous envoie moissonner (4.38 ; 17.19 ; 20.21).
- Fait des miracles (4.48 ; 5.8 ; ...), pardonne (5.14 ; 7.11) et travaille (5.17).
- A reçu tout pouvoir de juger (5.22, 27 ; 8.16 ; 9.39).
- Est digne d'honneur (5.23) et nourrit (6.27, 31).
- Est le pain qui descend du ciel (6.50 ; 58 ; 62).
- Vit par le Père (6.57) et dénonce les œuvres du monde (7.7).
- Est parfait (7.18).

- Est retourné auprès du Père (7.33 ; 12.34 ; 14.28 ; 16.17, 28 ; 17.11 ; 20.17).
- Rend témoignage de lui-même (8.14, 18) et du Père (8.26).
- Rend libre (8.36).
- Est sorti et vient de Dieu (8.42 ; 16.28).
- Dit la vérité (45-46).
- Honore et glorifie le Père (8.49 ; 11.4 ; 14.13 ; 17.4).
- Ne cherche pas Sa gloire (8.50, 54), mais celle du Père (17.1).
- Connaît le Père et garde Sa parole (8.55 ; 10.15).
- Connaît Ses brebis (10.14 ; 27) et donne Sa vie pour elles (10.15, 18).
- Reçoit les ordres du Père (10.18) et garde Ses commandements (15.10).
- Agit au nom du Père (10.25, 37 ; 12.49 ; 14.10, 31 ; 17.4).
- Donne la vie éternelle (10.28 ; 11.26 ; 17.2).
- Est Fils de Dieu (10.36).
- Prie le Père (11.41-42 ; 17.1), pour nous (14.16 ; 17.9) et ceux qui croiront (17.20).
- Attire tous les hommes à Lui (12.32) et nous aime (13.34 ; 14.21 ; 15.9, 12).
- Nous prépare une place auprès du Père (14.2) et viendra nous rechercher (14.3).
- Nul ne va au Père sans passer par Lui (14.6).
- Exauce (14.13-14 ; 15.7 ; 16.24).
- Est vivant (14.19) et habite en nous (14.23 ; 15.4-6).
- Donne la paix (14.27 ; 14.33 ; 20.21).
- Aime le Père (14.31) et demeure dans l'amour de Dieu (15.10).
- Met Sa joie en nous (15.11) et nous commande (15.14, 17).
- Possède tout ce que le Père a (16.15) et a vaincu le monde (16.33).
- A reçu tout pouvoir (17.2) et possède tout ce qui appartient au Père (17.10).
- Nous a donné la parole du Père (17.14).
- S'est sanctifié (17.19) pour nous et nous fait connaître le Père (17.26).
- Accomplit la volonté du Père jusqu'au bout (18.11).

- A témoigné et enseigné ouvertement (18.21).

Dieu, qui demeure dans les cieux est décrit sous un jour paternel, bien que le Père et le Fils ne font qu'un (10.30, 38 ; 14.10-11 ; 17.21) : il cite plus de cent fois le mot « Père », démontrant combien Il nous aime et pourquoi Il nous pardonne. Quelques exemples auront tôt fait de nous en convaincre :

- Il baptise de l'Esprit Saint (1.33) et L'envoie au nom du Fils (14.26).
- Il a tant aimé le monde qu'il a donné Son fils unique afin de nous sauver (3.16-17).
- Il est l'objet de notre adoration en esprit et en vérité (4.21-24).
- Il envoie le Fils (4.34 ; 57 ; 7.16 ; 8.42) et L'aime (5.20 ; 10.17 ; 15.9).
- Il travaille et dirige (5.17, 19 ; 12.49).
- Il donne la vie (5.21 ; 5.26).
- Il ne juge personne (5.22).
- Il est digne d'honneur (5.23).
- Il rend témoignage du Fils (5.37 ; 8.18).
- Il est amour (5.42 ; 14.21, 23).
- Il nous attire vers le Fils et nous donne à Lui (6.37, 44, 65), Il Lui donne les brebis et les tient fermement dans sa main (10.29 ; 17.6)
- Il est vivant (6.57).
- Il détient la connaissance (7.16).
- Il est vrai (8.26).
- L'Esprit de vérité provient de Lui (15.26).
- Il a enseigné le Fils (8.28), Le glorifie (8.54 ; 12.32) et Le connaît (10.15).
- Il est plus grand que tous (10.29), même que le Fils (14.28).
- Il a sanctifié le Fils (10.36) et L'exauce (11.41-42).
- Il honore celui qui suit Son Fils (12.26).
- Il Se glorifie (11.28) au travers du Fils (13.32 ; 17.1) et de Ses disciples (15.8).
- Il habite en nous (14.23) et est le vigneron (15.1).

- Il nous donne ce que nous demandons au nom de Jésus (15.16 ; 16.26-27).
- Il donne tout pouvoir au Fils (17.2).
- Il possède tout ce qui est au Fils (17.10).
- Il nous garde (17.11) du malin (17.15).
- Il nous sanctifie par Sa parole (17.17).
- Il a donné la coupe au Fils (18.11).

Evidemment, qui dit « spiritualité », dit « Saint Esprit » : c'est la première fois que sont dévoilées une partie non négligeable de Ses œuvres.

- Il vivifie (6.63).
- Il est le Consolateur éternellement avec nous, nous enseigne et témoigne (14.16, 26 ; 15.26 ; 16.13-15).
- Il nous fait naître de nouveau (3.8).
- Il est l'Esprit de vérité qui demeure près et en nous (14.17).
- Il est envoyé par Christ (16.7).
- Il convainc le monde de péché, de justice et de jugement (16.8-11).
- Il nous conduit dans la vérité (16.13).
- Il nous annoncera les choses à venir (16.13).
- Il glorifie Jésus-Christ (16.14).

Tableau 15 : Les miracles dans les Evangiles.

Types	Marc	Matthieu	Luc	Jean
Aveugle guéri		8.22-26		
Aveugle-né guéri				9.1-41
Aveugles guéris		9.27-31		
Belle-mère de Pierre	1.30-31	8.14-15	4.38-39	
Boiteux guéri à Bethesda				5.1-9
Démoniaque dans synagogue	1.23-26		4.31-35	
Démoniaque guéri		12.22	11.14	
Démoniaques gadaréniens	5.1-15	8.28-34	8.26-35	
Deux aveugles guéris	10.46-52	20.29-34	18.35-43	
Dix lépreux guéris			17.11-19	

Eau en vin				2.1-11
Enfant épileptique guéri	9.17-29	17.14-18	9.37-43	
Femme infirme guérie			13.11-13	
Figuier maudit	11.12-26	21.18-22		
Fille de Jaïrus ressuscitée	5.29-42	9.18-25	8.41-54	
Fils d'officier				4.46-54
Hémorragie stoppée	5.25-29	9.20-22	8.43-48	
Homme à la main sèche	3.1-5	12.10-13	6.6-10	
Homme hydropique guéri			14.1-4	
Jésus sur les eaux	6.48-51	14.25		6.19-21
Jésus traverse la foule en colère			4.28-30	
La fille cananéenne guérie	7.24-30	15.21-28		
Lazare ressuscité				11.1-44
Lépreux guéri	1.41	8.3	5.13	
Multiplication des pains	6.35-44	14.15-21	9.12-17	6.5-13
Multiplication des pains bis	8.1-9	15.32-38		
Oreille de Malchus guérie			22.50-51	
Paiement de la taxe du temple		17.24-27		
Paralytique guéri	2.3-12	9.2-7	5.18-25	
Pêche Miraculeuse			5.1-11	
Pêche miraculeuse bis				21.1-11
Résurrection du fils de la veuve			7.11	
Serviteur du centurion		8.5-13	7.1-10	
Sourd-muet guéri	7.31-37			
Tempête apaisée	4.37-45	8.23-27	8.22-25	
Un démoniaque guéri		9.32-33		

Tableau 16 : Les paraboles dans les Evangiles.

Titre de la Parabole	Marc	Matthieu	Luc	Jean
La pièce neuve sur de vieux habits	2.21	9.16	5.36	
Le vin nouveau dans de vieilles outres	2.22	9.17	5.37-38	
La maison sur le roc		7.24-27	6.47-49	
Les deux débiteurs			7.41-43	
Le semeur	4.3-8	13.3-8	8.5-8	

La lampe sous le boisseau	4.21-22	5.14-15	8.16 ; 11.33	
Le bon Samaritain			10.10-37	
L'ami insistant			11.5-8	
Le riche insensé			12.16-21	
Les serviteurs attendant le maître			12.35-40	
L'économe fidèle			12.42-48	
Le figuier stérile			13.6-9	
Le grain de moutarde	4.30-32	13.31-32	13.18-19	
Le levain		13.33	13.20-21	
Les places d'honneur			14.7-14	
Le festin et les invités absents			14.16-24	
Calculer la dépense			14.28-33	
La brebis égarée		18.12-13	15.4-6	
La pièce égarée			15.8-10	
Le fils prodigue			15.11-32	
L'économe malhonnête			16.1-8	
Le riche et Lazare			16.19-31	
Les devoirs des serviteurs			17.7-10	
Le juge inique			18.2-5	
Le pharisien et le publicain			18.10-14	
Les talents		25.14-30	19.12-27	
Les vignerons iniques	12.1-9	21.33-41	20.9-16	
Les feuilles du figuier	13.28-29	24.32-34	21.29-31	
Le gardien de la maison	13.34-36			
Le grain semé dans le sol	4.26-29			
Le bon grain et l'ivraie		13.24-30		
Le trésor caché		13.44		
La perle de grand prix		13.45-46		
Le filet de pêche		13.47-48		
Le débiteur insensible		18.23-34		
Les ouvriers dans la vigne		20.1-16		
Les deux fils		21.28-31		
Le repas des noces		22.2-14		
Les dix vierges		25.1-13		
Les brebis et les boucs		25.31-36		
Le bon berger				10.1-18

B. Les Actes des apôtres (ou l'histoire des premières églises et missions) :

Comme déjà signalé précédemment, les Actes sont la continuité de l'Evangile de Luc qui était soucieux de rendre une vérité historique à ce phénomène nouveau du christianisme. C'est un second courrier à Théophile.

Luc a fréquenté et accompagné Paul dans certains déplacements missionnaires puisqu'il s'inclut lorsqu'il les relate. Ainsi, d'enquêteur au sujet de la vie de Christ, il devient, à certains moments, témoin oculaire : cela ne change rien à sa manière précise de travailler, mais certains détails sauront agrémenter mieux encore le rendu historique et spirituel du message.

Jésus étant ressuscité, c'est au tour des apôtres et d'autres disciples d'agir afin de perpétuer la Bonne Nouvelle : outre les deux héros principaux, Pierre et Paul, d'autres personnes attireront notre attention (par exemple : Etienne, Philippe, Barnabbas). C'est donc une multitude de serviteurs qui s'engagent dans cette conquête spirituelle irrésistible, mais semée d'embûches.

De très nombreux discours émaillent le contenu et sont des enseignements théologiques puissants pour les chrétiens que nous sommes aujourd'hui.

Des événements vitaux pour l'établissement des murailles de l'Eglise universelle se trouvent décrites au sein de ces chapitres poignants :

a. A Jérusalem et aux alentours :

- Le rappel de l'ordre d'aller dans le monde avant l'ascension de Christ (1.1-11).

- La nomination du remplaçant de Judas, Matthias (1.12-26).

- La Pentecôte et ses effets miraculeux dont les discours d'anthologie de Pierre et la comparution de ce dernier accompagné de Jean devant le Sanhédrin (2 à 4).

- Le premier jugement implacable (Ananias et Saphira), les signes miraculeux divers et nouvelle comparution devant le sanhédrin (5 et 6 ; 9.31-43).

- Choix des diacres (6.1-7).

- Le martyr d'Etienne (6.8 à 8.2).

- Conversion de Saul (8.3-4 ; 9.1-30).

- Philippe (8.5-40).

- Conversion de Corneille (10.1 à 11.18).

- Pierre libéré miraculeusement de prison (12).

b. Dans le monde ou l'histoire de Paul :

- Premier voyage missionnaire sous la responsabilité spirituelle de l'église d'Antioche, avec Barnabbas et Jean Marc (13 et 14) : Chypre, Pamphylie, Iconium, Lystre, Derbe, diverses visites aux églises fondées puis retour à Antioche pour le rapport.

- Séjour à Jérusalem pour discourir avec les apôtres dont Pierre et Jacques sur la pratique ou non de la Loi pour les non Juifs (15.1-34).

- Second voyage missionnaire, toujours sous la coupe de l'église d'Antioche, avec Silas, Barnabbas n'acceptant pas le refus de

Paul quant à la présence de Jean Marc (15.35 à 18.22) : visites aux frères de Syrie, de Cilicie, à Lystre (Timothée se joint à eux) et d'Asie mineure ; puis, missions à Troas, en Europe dont Philippes, Thessalonique, Bérée, Athènes et Corinthe avant le retour à Antioche.

- Troisième voyage missionnaire, pour l'église d'Antioche (18.23 à 21.17) : visite des églises de Galatie et Phrygie et rencontre d'Apollos à Ephèse ; nouvelle visite aux églises de Macédoine avant le départ pour la Grèce et un retour en Macédoine et à Troas ; ensuite, Milet d'où il convoque les anciens d'Ephèse et leur fait ses adieux et Jérusalem pour y subir la persécution.

- Jérusalem et Césarée (21.17 à 26.29) : témoignage, vœu, trahison par des Juifs, défense devant la foule et le sanhédrin, le gouverneur Félix, Festus et Agrippa, primauté de sa nationalité romaine et son appel à César.

- Rome (27 et 28) : voyage et échouage à Malte ; Rome et le ministère.

Il est intéressant d'observer comment les églises furent fondées et comment elles prirent de l'ampleur :

- Pentecôte ou baptême du Saint Esprit des disciples (2.41) : 3000 âmes forment la première communauté.

- Croissance continue et journalière (2.47 ; 4.4 ; 5.14 ; 11.21, 24).

- Conversions diverses avec des persécutions par des Juifs dont Saul (9.6), des sacrificateurs (9.31), des Romains (13.12), des gardiens de prisons (16.33-34) ....

- Moyens : l'Evangélisation (1.4-8), le Saint Esprit (4.31), l'unité et œuvres (4.32-37), la puissance spirituelle (5.12-16), l'organisation (6.1-6), la prédication (14.1 ; 16.5 ; 17.4 ; 18.8), le sacrifice et la vigilance (20.31) et les persécutions (4.1-3, 17.22 ; 5.17-18, 40 ; 6.8-15 ; 8.1-3 ; 9.1).

Tous les voyages de Paul donneront naissance à une liste impressionnante de courriers dont la Parole en contient treize.

C. <u>Les Epîtres de Paul</u> :

Comme signalé dans le point précédent, ce sont les lettres de Paul qui prennent le dessus, en nombre et en enseignements, au niveau des écrits néotestamentaires.

Rappelons aussi que l'ordre chronologique n'a pas été respecté dans la présentation de la Bible au profit d'une suite estimée plus cohérente d'enseignements doctrinaux. Nous repositionnerons donc ceux-ci dans l'ordre jugé réel de rédaction par Paul.

Les écrits sont étudiés sur base du contenu spirituel puisque le principe de ceux-ci est d'apporter le bagage correct et indispensable pour la vie de chaque chrétien.

a. <u>Epître aux Galates ou « le salut et la liberté par la foi uniquement »</u> :

Après avoir défendu son ministère d'apôtre des Gentils (1.10 à 2.10) et donc son autorité spirituelle reçue directement de Christ, Paul s'adresse à ses frères de Galacie, en Asie Mineure afin de leur faire part de l'Evangile qu'il annonce (2.11-21), c'est-à-dire le salut par la foi et non par les œuvres imposées par la religion juive, en s'appuyant sur l'exemple du père des croyants, Abraham (3.1-25).

Retourner dans le légalisme après avoir reçu le salut n'apporte rien de bon, que des pertes considérables : le renoncement à l'héritage des enfants de Dieu ; retour à la chair et ses conséquences ; perte de la liberté et de l'apport du sacrifice de Jésus (3.26 à 5.6).

Si le chrétien se trouve devant un dilemme entre la soumission à la chair et à l'Esprit Saint, le choix de ce dernier apporte la liberté en Christ et produit les bons fruits, totalement opposés à ceux du charnel, ce que les faux docteurs tentent de nier (5.7 à 6.17).

b. Première épître aux Thessaloniciens ou « le retour certain de Christ » :

Paul fait part de sa satisfaction parce qu'il apprend le comportement exemplaire de l'Eglise de Thessalonique après le retour de son envoyé, Timothée, et de son rapport favorable. Il rappelle également son ministère apostolique. Tout ceci l'amène à prier et à souhaiter leur rendre visite prochainement (1.1 à 3.13).

Il encourage chaque membre à vivre dans la sainteté personnelle et institutionnelle, et dans l'amour fraternel (4.1-12).

Le cœur de son message arrive : la seconde venue de Christ, inattendue pour les incroyants bien qu'accompagnée de signes clairs, que l'on appelle également « le jour du Seigneur ». Cette certitude, même si la date est inconnue, réconforte ceux qui vivent des deuils puisque, ceux qui se seront endormis en Christ, ressusciteront en même temps que les saints encore vivants à ce moment (4.13 à 5.11).

Cette promesse entraîne évidemment certains devoirs quotidiens pour les chrétiens (5.12-28).

c. Seconde épître aux Thessaloniciens ou « le retour de Christ n'est pas immédiat » :

Le premier courrier, qui se voulait encourageant, semble avoir déstabilisé les frères de Thessalonique en ce sens que beaucoup ont interprété le contenu comme imminent.
Or, si Paul réaffirme avec fermeté la certitude de l'avènement de Jésus, il s'agit de ne pas se tromper sur les choses à venir. La seule garantie donnée est la divergence flagrante de traitement, au moment crucial, entre les chrétiens, malgré les persécutions actuelles, et les païens (1.1 à 2.2).

Il énumère donc les divers événements annonciateurs de l'avènement de Christ, dont les principaux sont l'abandon de la foi (apostasie) et l'homme impie faisant des signes et des prodiges et qui, au grand dam de ses supporters, connaîtra sa perte face à notre Seigneur (2.3-12).

L'encouragement à rester dans l'obéissance suit cette mise au point et précède la confiance de Paul en ses frères qu'il invite à la prière et à se tenir éloignés des dissidents (2.13 à 3.6).

Dans cet ordre d'idée, avant de prendre congé, il se sert de son exemple de vie ministérielle et de son engouement à travailler pour subvenir lui-même à ses besoins afin de rappeler à l'ordre des « fidèles » qui abusent des mauvaises interprétations pour laisser la paresse envahir leur quotidien (3.7-18).

d. Première épître aux Corinthiens ou « la purification, les dons et l'Amour » :

Fondée par Paul, cette église d'origine grecque tombe dans le travers des perversions de la chair, mettant la priorité sur le côté permissif du comportement et sur l'apparence plutôt que le faire.

Dans ce contexte, un certain Apollos y fit de telles prouesses oratoires que d'autres serviteurs, dont Paul, perdirent le crédit de leurs témoignages et que des divisions apparurent au sein de la communauté.

L'apôtre se décida donc à écrire à l'église afin de la rappeler à l'ordre : l'héritage de cet enseignement nous apporte un exemple de conduite et de discipline à suivre.

La première partie comporte la nécessité pour l'Eglise de se purifier en laissant tomber ses fausses conceptions intellectuelles, ses concepts erronés des ministères, ses dérives sociales, ses divisions internes, le culte idolâtre de l'humain, la sagesse du monde, ..., signes flagrants de l'immaturité spirituelle. L'exemple vivant de Paul permet donc de repositionner les valeurs et devoirs réels des ministères oints, la manière de se purifier en tant que temple vivant du Saint Esprit, la portée du mariage, la vraie humilité chrétienne, le respect de la Sainte Cène et l'exemplarité du chrétien, en ce compris dans les actes quotidiens tels que le manger, le boire ou le vêtement (1 à 11).

Ensuite, les révélations apportées par Paul s'élèvent spirituellement puisqu'il aborde les dons spirituels avec les règles d'utilisation et de prééminence : l'amour parfait prévaut sur toute autre qualité et la résurrection des morts (12 à 16).

e. Seconde épître aux Corinthiens ou « La défense du ministère de Paul » :

Les dissensions au sein de la communauté continuent et le ministère de Paul est toujours autant critiqué par des frères. C'est pour cette raison qu'il juge nécessaire de parler plus intimement de son travail et de son vécu, tout en servant à nouveau ses enseignements sur le sacrifice substitutif de Christ pour tous les pécheurs et la manière de se comporter pour ceux qui ont choisi de Le suivre après avoir reçu le témoignage et avant qu'il soit trop tard.

Il est assez malaisé de diviser la lettre en portions puisque les sujets importants sont enchevêtrés. Nous allons plutôt souligner les caractéristiques qui ressortent au travers des chapitres :

- Le ministère de Paul tient ses points forts dans divers attributs moraux : il est motivé par l'amour de Christ ; il apporte le réconfort ; il est soumis aux épreuves et à la solitude ; il est pur et persévérant ; il se base sur l'abandon de soi ; il est persuasif et victorieux ; il est axé sur le pardon et les œuvres bonnes ; il est autoritaire au niveau spirituel et autonome financièrement.

- Bien que mis en doute par certains éléments, le ministère apostolique est déclaré légitime par le Seigneur Lui-même, par les souffrances subies et les révélations reçues, ainsi que par les résultats obtenus.

- Au milieu de ces critères personnels, deux chapitres sont destinés à exhorter au don matériel que beaucoup de chrétiens tendent à « laisser de côté » sur base de nombre d'excuses futiles (8 et 9).

La lecture attentive des deux épîtres aux Corinthiens apportent donc de nombreux éléments pour ceux et celles qui sont appelés au ministère : l'apologie, les persécutions et les devoirs.

f. <u>Epître aux Romains ou « le plan du salut et les devoirs des Chrétiens »</u> :

Comme l'indiquent les titres de ce courrier conséquent, le contenu se répartit en deux sections distinctes : une première partie élabore la doctrine du salut (1 à 11) et une seconde aborde la pratique chrétienne (12 à 16).

En ce qui concerne le salut, Paul en donne certainement la meilleure explication compréhensible, ce qui justifie pleinement la première position de ce livre dans nos Bibles.

En effet, l'homme est pécheur (païen ou Juif) et faible face aux désirs de la chair, mais il a la possibilité de recevoir une vie nouvelle au travers des plans parfaits de Dieu. La Loi et les œuvres n'offrent en effet aucune possibilité de vie éternelle puisque la justification est conçue uniquement au travers de la foi : c'est une grâce (1 à 3). Celle-ci est surtout illustrée par l'exemple d'Abraham, père de l'Eglise qui vécut avant que la Loi mosaïque soit applicable (4).

C'est par Amour que le Père a offert gratuitement Son fils (5), ce qui entraîne le besoin pour le bénéficiaire de sacrifier sa propre chair au prix d'une lutte permanente et de se mettre au service de Christ (6 et 7).

Le salut engendre une nouvelle vie qui permet de connaître la vraie liberté et la justice au travers de Jésus (8). Cela est consécutif au principe de l'élection du peuple élu et des gentils au travers de notre père à tous, Abraham, ce que les Juifs n'ont pas compris correctement, confondant Loi et Foi, ce que Paul explique à nouveau (9 et 10). Mais le fait que nous soyons intégrés dans la descendance spirituelle d'Israël ne peut en aucun cas être un objet de vantardise, sous peine de chuter, d'autant que l'Eternel a prévu le rétablissement de Son peuple (11).

C'est ce moment que Paul met à profit pour nous faire bénéficier de son enseignement pratique au niveau de nos devoirs : c'est une approche concise qui est considérée comme un très bon résumé du comportement que devrait adopter tout chrétien « né de nouveau », comme par exemple l'écoute de la volonté de Dieu (pas celle des hommes), notre fonction dans l'église, la manière de pratiquer l'amour, le courage, le soutien aux ministères, la victoire sur le mal, la bénédiction (pas la malédiction), le respect de toutes formes d'autorité, le soutien aux faibles, ... tout cela à l'image de Christ (12 à 15.13).

Comme à presque chaque fois, Paul aborde un pan de sa vie personnelle avant de faire ses recommandations et prendre congé de ses frères Romains (15.14 à 16).

g. Epître aux Philippiens ou « la joie et la paix dans le Seigneur » :

C'est de Rome, alors qu'il est en prison, que Paul envoie cette missive, ce qui en justifie sans doute le côté assez intime et l'introduction différente, sans titre ministériel mais plutôt comme un envoi amical, un besoin de se confier. En effet, ses auditeurs forment une communauté exemplaire qui réjouit le cœur de l'apôtre parce qu'elle fut fondée dans la souffrance et la persévérance de quelques-uns seulement. Il leur transmet donc des réflexions spirituelles relevées.

Malgré les chaînes, Paul y affirme principalement sa joie de vivre pour le Seigneur dont il fait le personnage central de son message.

Il entame son discours par une confession vis-à-vis de l'Eglise universelle dont il est un des ouvriers qui, par sa souffrance, son intercession, sa persévérance et même le sacrifice de sa propre vie si nécessaire, bénéficie des bienfaits de Dieu par Christ (1).

Il encourage ensuite chaque frère et sœur à en faire de même et à vivre de manière exemplaire au quotidien, en faisant sienne la pensée de Christ et il recommande le bon accueil de ses émissaires (2).

S'ensuit une mise en garde contre les légalistes juifs et les ennemis de la croix. Pour sa part, bien que Juif, il a compris et appliqué cette règle d'abandonner la Loi afin de se tourner vers la foi et la liberté en Christ. Il se permet donc de se recommander en tant qu'exemple vivant de citoyen du ciel, bien qu'étant encore sur terre, en attendant le retour de Christ (3 à 4.8).
C'est en garantissant la bénédiction de Dieu qu'il prend congé de ses amis en Christ.

h. Epître à Philémon ou « Christ change celui qui croit en Lui » :

Cette lettre est adressée à un ami de Paul, Philémon, dont un esclave, Onésime, s'est enfui de chez lui pour ensuite se convertir à Rome. Ce dernier est renvoyé par l'apôtre à son domicile, porteur du courrier, afin d'obtenir la grâce du maître de Maison et de garantir la fidélité du serviteur chrétien à l'avenir.

C'est donc principalement deux des effets de l'évangélisation réussie que Paul aborde :

- La Bonne Nouvelle, lorsqu'elle est reçue, change radicalement la vie de quelqu'un, ce que démontre la liste des divers chrétiens cités : Paul, Timothée, Philémon, Onésime, Apphia, Archippe, Marc et Aristarque.

- La société est transformée au travers de ces hommes nouveaux : l'esclave devient frère, les principes anciens disparaissent, la nationalité et le sexe sont obsolètes, les règles établies ne sont plus transgressées et les malheureux sont pris en charge.

Que de bonnes choses dans un si petit texte !

i. <u>Epître aux Colossiens ou « Christ est tête de l'Eglise »</u> :

Colosses se situait en Asie mineure, carrefour naturel de maintes civilisations (juive, asiatique et grecque) à l'origine de dérives doctrinales assez importantes (allant jusqu'à placer sous l'éteignoir la portée du sacrifice de Jésus), qui amenèrent l'apôtre à envoyer son enseignement.

Ce courrier est contemporain et similaire à celui aux Ephésiens.

Après l'introduction et la prière pour les Colossiens, il est logique que Paul s'attarde à notre Sauveur qui est la tête, afin d'imprégner son public des vérités fondamentales au sujet de Sa gloire : éternel, créateur, image du Père, pouvoir, Dieu, œuvre, en chaque croyant, … sont certaines caractéristiques de Christ (1 ; voir Evangile de Jean).

C'est pour honorer cette gloire vivante que Paul insiste sur la nécessité de la bonne santé spirituelle de l'église, basée sur l'amour et la connaissance de Dieu, afin d'échapper aux faux enseignements et au légalisme. Les rites, l'ascétisme et le mysticisme sont parfaitement à l'opposé de la liberté offerte en Christ : la priorité est de regarder aux choses éternelles et à chercher la vérité en tout, en résistant aux tentations et vices du monde par le biais de la connaissance, de la louange et de la discipline basée sur Jésus-Christ (2 à 3.17).

Il s'oriente ensuite vers la famille et les devoirs avant de terminer par la conduite en société, sans oublier les salutations et les compliments envers les serviteurs fidèles (3.18 à 4.18).

j. **Epître aux Ephésiens ou « l'Eglise est le corps de Christ » :**

Nous avons souligné la ressemblance de cette épître avec la précédente. Contrairement à Colosses où Paul semble n'avoir jamais mis les pieds, l'église voisine d'Ephèse fut visitée par l'apôtre dont Luc narre des faits marquants dans le livre des Actes.

Ici, Paul s'est surtout attardé au corps de Christ, non plus à sa tête, ce qui fait de cet écrit un des modèles pour nos assemblées évangéliques. Evidemment, c'est l'unité qu'il va prôner.

Il entame son message en insistant sur l'origine divine de l'Eglise universelle et sur le plan du salut par la grâce, établi par Dieu en Christ, pour elle. Chaque chrétien, Juif ou Gentil, est invité à comprendre, voir et vivre ces merveilles en expérimentant dès à présent un vécu spirituel « céleste », non souillé par le péché, au sein d'un seul Corps (1 et 2).

Ensuite, Paul remémore son appel apostolique auprès des non Juifs et peut ainsi prier mieux que quiconque pour l'unité et l'amour parfait dans les assemblées (3).

Cela demande un certain nombre d'actes concrets : les chrétiens vivent unis dans l'Esprit et par l'Esprit, avec une connaissance doctrinale commune, utilisent, selon ce qu'ils ont reçu et en complémentarité, les dons et se comportent de manière exemplaire, dans la lumière, l'amour et la sagesse, mais en abandonnant leurs péchés passés (4 à 5.21).

La cellule familiale n'échappe pas à ces règles car chacun remplit un rôle particulier qui est à l'image de l'Eglise (5.22 à 6.9).

Le chrétien est aussi conscient qu'il est au milieu d'un conflit spirituel implacable pour lequel il est équipé spécialement, d'autant qu'il connaît ses ennemis (6.10-18).

Comme à chaque fois, la clôture est bénédiction pour ses lecteurs.

k. Première épître à Timothée ou « le ministère pastoral » :

C'est le second courrier des quatre (Philémon, deux à Timothée et Tite), adressé, non à une assemblée, mais à un individu en particulier. Le style et le contenu sont donc quelque peu différents puisque Paul aborde évidemment des sujets plus personnels.

Ces enseignements sont néanmoins très riches pour chaque serviteur, un peu comme si l'apôtre nous parlait aussi intimement qu'à l'époque. Timothée était de père grec et fut converti par le ministère de Paul : il devint un collaborateur très apprécié, mais spirituellement assez peu affermi et de santé fragile.

En se fondant sur sa propre expérience de conversion, Paul entre vivement dans le sujet en explicitant la position à prendre concernant les docteurs légalistes, ignorants du sens spirituel de leurs propres enseignements, et encourage son élève à combattre le bon combat (1).

S'ensuivent l'intercession par le seul médiateur possible, Christ, et des conseils plus généraux pour les hommes et les femmes, ainsi que la confirmation apostolique de Paul auprès des Gentils (2).

La suite est très intéressante car elle aborde les qualités requises pour les évêques, ou anciens, et les diacres avant d'aboutir au mystère de la première venue de Jésus (3).

Après un détour sur la fin des temps, axé sur l'apostasie et la vocation satanique (4.1-4), Paul revient sur les caractéristiques obligatoires et l'exemplarité sans faille des ministres de Christ : piété, persévérance dans l'étude et l'enseignement, utilisation des dons, consécration et prière (4.5-16).

Emmenée par ses ministères, l'assemblée a des devoirs envers les anciens et chaque membre, surtout les plus fragiles : respect envers les anciens, prise en charge des veuves, sagesse et impartialité (5.1-21).

Un passage très personnel est alors consacré à Timothée concernant ses ennuis de santé (5.23-25).
Paul achève son intervention par une série de conseils judicieux pour une vie spirituelle saine et conforme à Christ et quelques encouragements (6).

I. Seconde épître à Timothée ou « conseils au berger » :

Ce courrier est la continuité du précédent. Paul est toujours en prison à Rome et sent sa dernière heure venir, ce qui se transmet par un style assez pathétique. Il est isolé et en souffre, ses proches étant partis moissonner et d'autres, infidèles, l'ayant délaissé. Ceci ne l'empêche nullement d'exhorter encore et toujours son jeune ami dans la lourde tâche pastorale qui lui est confiée.

L'idée essentielle est que Timothée doit se voir tel un combattant, sans honte et sans timidité, qui est engagé dans une guerre rude, faisant montre de courage et de pleine confiance vis-à-vis du Seigneur à l'exemple de son mentor, tandis que d'autres serviteurs d'Asie trahissent leur cause. Pour cela, Timothée doit s'entourer d'assistants fiables, être endurant, tourner le dos aux choses du monde, observer les règles et attendre les fruits (1 à 2.6).

La saine doctrine est évidemment essentielle. C'est pour cela que Paul rappelle encore la nécessité de mourir à soi-même et de souffrir pour l'Eglise afin de vivre éternellement et être glorifié en Christ qui reste fidèle en tout temps (2.7-13).

Des conseils pratiques sont prodigués pour lutter contre les fausses doctrines et les disputes stériles qui en découlent : reprendre avec sévérité les fauteurs de troubles, servir uniquement la vérité, éviter les discussions vaines et les théories fumeuses, se fonder sur le roc en se séparant du péché, œuvrer personnellement pour l'utilité du Maître, même si d'autres ne le font pas, veiller à sa pureté et ses objectifs personnels et fuir les disputes en faisant preuve de discernement et de patience (2.14-26).

Comme dans la première épître, Paul aborde la fin des temps, caractérisée par l'apostasie et l'ampleur du péché, qui nécessite de rester ferme sur base de la connaissance des Ecritures (3).

Un dernier rappel à propager inlassablement un message vrai face au nombre grandissant d'hérésies et d'hérétiques, précède l'affirmation de la réussite pastorale de Paul et le soutien même partiel dont il bénéficie qui rend plus supportable la geôle. Timothée est enfin invité à venir rapidement rendre visite à son ami (4).

m. <u>Epître à Tite ou « pratiquer les œuvres bonnes dans le ministère »</u> :

Tite est non Juif et collaborateur de Paul. Il semble plus âgé que Timothée. Il est demeuré en Crète pour surveiller les églises et représente particulièrement celle de Corinthe. Il semble que Tite ait été un des plus fidèles compagnons de Paul lors de son incarcération à Rome.

C'est donc par les concepts d'ordre et de discipline au sein de l'assemblée que Paul entame son discours, soutenant ainsi la raison de la mission de Tite en Crète : les qualités requises pour les responsables, la nécessité d'écarter les faux docteurs, la discipline stricte, l'application de la seule vérité et le rejet de l'hypocrisie et du péché caché (1).

Le pasteur est ensuite invité à différencier ses enseignements par rapport aux auditeurs (les personnes âgées, les jeunes, les adultes, les esclaves) tout en montrant l'exemple. Les thèmes forts sont évidemment identiques et tournent autour de l'œuvre du salut : renoncer à soi, être exemplaire en menant une vie saine dans le monde et persévérer dans l'attente du retour de Christ (2).

La mise en pratique de toute cette saine doctrine est encore encouragée par des exemples concrets : vivre ses obligations sociales, rappeler en permanence la pratique des œuvres bonnes qui ne se substituent nullement au salut par grâce, mais en sont la conséquence directe et réagir correctement face aux hérésies (3).

D. L'Epître aux Hébreux :

Cette missive est tantôt attribuée à Paul, tantôt à un illustre inconnu. Aussi l'avons-nous sortie du contexte pour ménager les susceptibilités de part et d'autre, tout en insistant sur la richesse particulière de son contenu.

Les destinataires semblent être des chrétiens d'origine juive qui avaient certainement des difficultés à renoncer aux rites de leur ancienne religion. L'auteur va donc démontrer la primauté de la nouvelle alliance en Christ par rapport à l'ancienne alliance figée sous la Loi.

Pour déterminer cette supériorité doctrinale, il commence par démontrer celle de son chef de file, Christ :

- sur les prophètes parce qu'Il est d'essence divine (1.1-3)

- sur les anges car Il est Fils unique de Dieu, le Père et est assis à Sa droite (1.4-14)

- sur toutes les autres œuvres de réconciliation car il a physiquement et temporairement été abaissé pour vaincre la mort au travers de la nature humaine et de la tentation vaincue afin de sauver le plus grand nombre (1.15-2.18)
- sur Moïse en accomplissant un sacerdoce supérieur, ce qui nous appelle à la prudence pour ne pas agir comme Israël face au Messie (2.19 à 4.8).

Cet état de fait nous invite à ne plus fixer notre regard sur nos œuvres, mais sur la grâce de Dieu au travers du sacerdoce parfait de Jésus-Christ, de la puissance de la Parole et de la prière fervente (4.9 à 16).

Le rôle du souverain sacrificateur héritier d'Aaron est ensuite rappelé : bien que désigné par l'Eternel, il est issu des hommes de sorte qu'il les comprend puisqu'il doit offrir les sacrifices, non seulement pour les autres, mais également pour lui-même, étant faible dans la chair comme tout un chacun (5.1-4).

Christ a une autre origine et un tout autre comportement puisque son sacrifice a amené le salut pour tous (5.5-10).

Connaissant cela, il est loisible de reprocher le manque de maturité spirituelle des chrétiens et de les appeler à aller de l'avant dans la vérité, en avertissant les rétrogrades et en encourageant les croyants fidèles et dévoués, d'autant que les promesses de Dieu s'accomplissent toujours selon l'exemple évident d'Abraham (5.11 à 6.20).

Afin d'illustrer le sacerdoce de Christ, l'écrivain le compare à celui de Melchisédech : nom important, d'un ordre éternel, et honoré par Abraham au point de surpasser largement Aaron (7.1-10).

- Sur cette base, le sacerdoce de Jésus est défini plus clairement (7.11 à 9.10) : un ordre éternel confirmé par une promesse divine et immuable ; un pouvoir total, saint, exercé dans les cieux ; un sacrifice parfait accompli ; une médiation de la nouvelle alliance

Cette position annule évidemment les rituels lévitiques qui n'étaient que la préfiguration du sacrifice complet et unique de Christ qui a laissé couler son sang afin de nous laver de nos péchés (9.11 à 10.18).

C'est donc un privilège que d'entrer en présence du Père dans un esprit d'adoration et de pleine assurance par le biais de ce prix payé par notre seul Médiateur. Cela doit nous donner courage, fermeté et persévérance afin de ne pas tomber dans l'endormissement spirituel et ses conséquences douloureuses de l'abandon de la foi (10.19-31).

A ce propos, l'auteur définit une série de modèles illustres issus du peuple hébreu et qui agirent par la foi : Abel, Hénoch, Noé, Abraham, Sara, Isaac, Jacob, Joseph, Moïse, Josué, Israël, Rahab, Gédéon, Barak, Samson, Jephté, David, Samuel, les prophètes ... (10.32 à 11.40).

La vie spirituelle est une véritable lutte athlétique, forgée sur la souffrance, la discipline et la droiture, et basée sur un seul objectif à atteindre : Christ. La paix, la pureté et l'attention sont donc de mise en permanence face aux séductions du monde (12.1-17).

Une autre comparaison est établie entre le mont Sinaï, symbole de l'ancienne alliance et Sion, celui de la nouvelle (12.18-24).

Un avertissement ferme est donné à ceux qui se laissent séduire par les choses du monde au détriment de celles des cieux ; des conseils suivent concernant les devoirs du chrétien dans la société et par rapport au respect des leaders spirituels, mais aussi au niveau de la transmission de la saine doctrine et sur le fait de mener une vie sainte, à propos de l'adoration et de l'amour actif (13).

E. Les Epîtres Générales :

Ce ne sont pas moins de quatre auteurs différents qui sont à l'origine de ces sept lettres : Jacques, Pierre, Jude et Jean.

a. Epître de Jacques ou « la foi et les œuvres » :

Cette lettre, sans doute écrite par le frère de sang de Jésus (Ga 1.19), s'adresse certainement à des Juifs installés en dehors de la Judée.

Le thème principal est conforme au contenu de la lettre de Paul à Tite, mettant fin à toute tentative d'opposer la doctrine de la foi de Paul en Romains à celle de Jacques.

Le développement du texte est principalement comparatif entre la vraie religion et la fausse :

Tableau 17 : la vraie et la fausse religion

Vraie religion (1 à 3.18)	Fausse religion (1.22 à 3.17)
Joie et patience dans les épreuves	Esprit du monde ; prières vaines
Foi inébranlable	Foi stérile
Pensée commune	Favoritisme pour les puissants
Respect de la volonté de Dieu	Religion inutile ; perversion ; négligence
Découvrir et résister à la tentation	Envie, égoïsme
Bénédictions viennent de Dieu	Bénit et maudit par sa langue
Entendre spirituellement	Non application de la Parole
Sagesse de langage	Langue insensée et destructrice
Patience face à l'adversité	Entêtement ; impureté ; non repentance
Rejet du mal	Pas de changement profond
Recherche et application de la vérité	Obéissance partielle à la Loi
Générosité	Fraude ; calomnie ; iniquité
Pureté	Manque d'amour
Œuvres bonnes = résultat de la foi	Pas d'œuvres accompagnatrice
Sagesse divine	Sagesse démoniaque

Ce comparatif ouvre la voie royale aux avertissements concernant les chrétiens, fidèles ou pas :

- la richesse éphémère (5.1-6)
- la persévérance nécessaire dans l'épreuve à l'image de Job et des prophètes (5.7-12)
- la prière, en toutes circonstances, accompagnée de repentance comme Elie (5.13-18)
- le souci de gagner des âmes (5.19-20)

C'est sur cette touche que s'achève la rhétorique sur la foi vivante par les œuvres saintes.

b. Première épître de Pierre ou « vaincre la souffrance » :

L'apôtre Pierre, compagnon impulsif de Jésus dès le début de Son ministère, s'est bien assagi. Il contacte les chrétiens d'Asie mineure, Juifs et Gentils, membres d'églises établies par Paul, ce qui renforce le principe d'universalité des ministères apostoliques.

Le salut est un plan divin assuré que l'on peut considérer comme un mystère au travers du sacrifice douloureux de Jésus-Christ et comme une espérance certaine établie dès avant la fondation de toute chose (1).

A partir de ce constat, le chrétien adapte sa vie selon des critères vertueux : sanctification et amour fraternel, rejet du mal et des désirs charnels et croissance par la connaissance, partie vivante du temple de Christ, fondé sur la pierre d'angle, vision du Sauveur comme la richesse absolue, honorabilité et adoration et conduite irréprochable dans la société (1.22 à 2.17).

Les mêmes bases sont jetées au sein de la vie familiale, en guise de modèle parfait : pour les serviteurs, les conjoints et tout le monde, afin d'obtenir l'exaucement des prières (2.18-3.13).

Pierre en arrive au sujet principal de son enseignement : la souffrance. Celle-ci est source de joie, même si elle est pénible. Si elle est justifiée pour la justice de Dieu, elle sert d'exemple pour tous, à l'image de celle de Christ et de sa destinée céleste. Un tel état d'esprit appelle l'abnégation et la consécration par l'abandon des influences du passé. C'est pour notre Seigneur que nous traversons les épreuves et que nous devons refuser de faire le mal en retour, tout en glorifiant Dieu (3.14 à 4.19).

L'apôtre achève son intervention en donnant quelques conseils aux anciens, et aux jeunes gens. Il nous met en garde contre le Malin (5).

c. Seconde épître de Pierre ou « les faux docteurs » :

Ce courrier est à mettre en parallèle avec la seconde épître de Paul à Timothée puisqu'il aborde le même thème : la prudence face aux usurpateurs, car les temps seront de plus en plus troublés et les apôtres, témoins directs, sont au seuil du grand départ.

Pierre aborde le sujet en rappelant la meilleure manière de vivre pour le chrétien : foi, vertu, connaissance, maîtrise de soi, persévérance, piété, fraternité et amour (1).

Ensuite, il s'attaque aux faux docteurs et à leurs enseignements corrompus qui nient Christ et se glorifient eux-mêmes en séduisant les chrétiens inattentifs : ils attirent le jugement de Dieu sur eux-mêmes et leur auditoire en les conduisant dans l'esclavage du péché (2).

D'autres sont appelés des moqueurs, parce qu'ils renient Christ et ignorent les Ecritures. Le Seigneur reviendra, c'est certain, pour remettre de l'ordre, mais ce jour est inconnu et peut sembler éloigné : le chrétien doit donc placer son espérance en cela et rester ferme en grandissant dans la foi (3).

d. Première épître de Jean ou « la communion et la connaissance » :

Jean a légué un texte universel, sans destinataire précis, si ce n'est l'Eglise. Il fait montre de compassion dans les termes utilisés (« petits enfants », « bien-aimés ») qui tranchent avec les autres écrivains et serviteurs de Dieu de son époque : ne dit-on pas de lui qu'il est l'apôtre de l'amour ?

L'entame de son intervention consiste à rappeler que Dieu est lumière et que donc, les chrétiens marchent également dans la lumière, en faisant repentance et en pardonnant afin de vivre dans l'amour fraternel et échapper ainsi aux griffes des antéchrists (1 à 2.27).

S'ensuit la preuve irréfutable d'une vie de communion en Christ : vivre dans l'obéissance à la Parole. D'ailleurs, une méthode existe pour débusquer les menteurs : éprouver les esprits, car seuls ceux qui confessent Jésus-Christ sont de Dieu (2.28 à 4.6).

Comme Dieu est amour, nous sommes à nouveau invités à le partager entre chrétiens et avec Lui (4.7-21). La foi qui l'accompagne est à l'origine de notre victoire contre le mal (5).

e. Seconde épître de Jean ou « la vérité » :

C'est une brève lettre personnelle adressée à une amie chrétienne et à ses enfants.

Jean y aborde des thèmes identiques à ceux du de son premier envoi, mais de manière nettement plus concise.

Il y fait l'apologie de l'amour fraternel et met en garde contre les faux docteurs.

f. Troisième épître de Jean ou « certains cas particuliers » :

L'apôtre envoie une autre missive nominative à un certain Gaius, qu'il considère comme un fidèle, et lui confie l'accueil de serviteurs qu'il envoie. Par contre, il se plaint de Diotrèphe, orgueilleux et pécheur. Il espère le reprendre lors d'un prochain voyage.

Il encense enfin un autre serviteur du nom de Démétrius qui fait l'unanimité chez les chrétiens.

g. Epître de Jude ou « la défense de la vraie foi » :

Jude est frère d'un Jacques et donc, peut-être, frère de Jésus. Il s'adresse, comme Jean dans sa première épître, à l'Eglise en général pour l'avertir du danger des fausses doctrines.

Le fait de tomber dans les discours hérétiques a des conséquences graves, à l'exemple du peuple élu par le passé : il est donc impératif de reconnaître les tricheurs à leurs fruits et savoir que leur condamnation est déjà actée dans les derniers jours, ce dont ont témoignés Hénoch et les apôtres.

Le chrétien se doit donc de grandir dans la connaissance et la prière, dans l'amour pour Dieu, dans la foi en Christ et gagner le plus grand nombre au salut.

F. L'apocalypse ou « révélation » :

Ce livre, plus encore que les annonces cataclysmiques des anciens prophètes, a fait couler beaucoup d'encre et a ouvert la voie à bien des interprétations rocambolesques ou dramatiques, servant de lit à des sectes malfaisantes ou des adaptations cinématographiques proches des films d'horreur.

Dans le monde chrétien, plusieurs écoles se disputent la véracité des interprétations, déjà complètement ou partiellement accomplies ou à venir, concernant l'Eglise seulement ou le monde dans sa globalité.

Pour notre part, nous soulignerons simplement l'intérêt croissant de ces prophéties par rapport aux réalités contemporaines de cette terre et avons la faiblesse de penser que nombres d'événements sont encore à venir tels qu'ils sont décrits ici. Cette position promet évidemment beaucoup de souffrances, mais surtout un avenir extraordinaire que seul Dieu peut réaliser au vu de l'incapacité des êtres humains à gérer correctement ce qui nous a été confié de générations en générations : la planète et son avenir.

En réalité, l'apôtre Jean transmet aux chrétiens « nés de nouveau » un merveilleux message d'avenir placé entre les mains de Dieu (bénédictions) et met en garde ceux qui, croyants ou non, refusent de vivre selon la volonté du Créateur (malédictions).

C'est l'œuvre qui clôture la liste des 66 livres et qui, de fait, a été rédigée en fin de premier siècle, alors que l'auteur était prisonnier à Patmos : c'est en quelque sorte son testament spirituel qu'il nous a légué.

Tout le texte est structuré autour de visions reçues directement par Jean. Dans le cadre d'interprétations futures, nous prendrons évidemment la précaution de mettre en parallèle les diverses prophéties de l'Ancien et du Nouveau Testaments qui relatent également le fin des temps, car les symboliques sont souvent similaires et chaque texte apporte un éclairage supplémentaire pour une interprétation la plus fidèle possible, à condition d'accepter qu'il demeurera toujours des zones d'ombres qui ne doivent jamais faire l'objet de querelles, mais de prières mues par la communion fraternelle, afin de recevoir plus d'éclaircissements par la grâce infinie de Dieu.

Ajoutons qu'il semble que la boucle est bouclée : au début de son récit la Genèse, premier des 66 livres, relève la création de toutes choses par Dieu et le désastre amené par l'homme chassé d'Eden, tandis que l'Apocalypse, à la fin, évoque l'accomplissement parfait et la disparition du mal et de la mort.

C'est évidemment Christ qui, une fois encore, tient méritoirement la vedette de ce livre : il y est décrit comme l'Agneau qui a acquis la victoire totale.

Après avoir salué ses lecteurs, Jean narre sa première vision qui consiste à écrire à sept églises afin de les exhorter ou de les reprendre. Sachons déceler non seulement des communautés actives à cette époque, mais aussi et surtout, des modèles vivants d'assemblées bien actuelles symbolisées dans l'une et, ou, l'autre d'entre elles :

- Ephèse : active et disciplinée, elle ne possède plus d'amour brûlant

- Smyrne : persécutée, elle est matériellement pauvre mais spirituellement richissime

- Pergame : persévérante, elle se laisse toutefois entraîner, par son environnement hostile, dans l'hérésie

- Thyatire : malgré la pratique d'œuvres bonnes, elle accepte en son sein une fausse prophétesse

- Sardes : elle est mourante

- Philadelphie : malgré sa faiblesse, elle demeure fidèle

- Laodicée : orgueilleuse et satisfaite d'elle-même, elle est en réalité aveugle, tiède et misérable

Des encouragements pour la fidélité persévérante et des sentences pour les dérives, conscientes ou non, sont tour à tour prononcées (1 à 3).
Ensuite, Jean est invité à regarder la gloire de Dieu sur son trône céleste, adoré par les êtres vivants et les 24 anciens (4).

Après, il assiste à l'ouverture du livre aux sept sceaux par l'Agneau (5). Chacun d'entre eux est descellé à la suite de l'autre jusqu'au sixième : ils sont synonymes d'épreuves et d'événements annonciateurs de la fin des temps au travers d'êtres vivants à cheval, de martyrs réclamant justice et de déchaînement des éléments naturels (6). Avant que le dernier soit également découvert, une parenthèse dans le texte permet de mesurer l'amour du Père pour Son peuple (7).

Au septième sceau, il apparaît également sept anges et sept trompettes dont les six premières semblent avoir une activité parallèle aux six premiers sceaux ouverts précédemment : un bouleversement catastrophique de la nature au point que d'aucuns réclameront vainement la fin afin de soulager leurs souffrances et que d'autres seront exterminés par l'armée céleste (8 et 9). Avant la septième trompette, deux autres faits sont relatés et soulignent l'urgence et la gravité de la situation :

- Le petit livre remis à Jean par un ange puissant, accompagné de sept tonnerres, annonçant l'imminence de l'accomplissement des visions et dont une partie des révélations reçues doit rester voilée. Jean a dû l'avaler (10) !

- Les deux témoins dans la ville sainte : Jean voit et mesure le temple. Ce passage est à mettre en parallèle avec le Livre de Daniel car il semble concerner la période de la tribulation durant laquelle les deux témoins auront le temps d'annoncer la Parole avant d'être assassinés et d'être ressuscités. La septième trompette retentit alors afin d'annoncer la nouvelle ère : Christ règnera éternellement (11).

A ce moment, il apparaît que le temps de Christ est enfin venu : Michel, Archange, combat avec son armée et vainc, par le sang de l'Agneau, le dragon à sept têtes. Les combattants sont sans aucun doute les anges fidèles qui amènent ainsi l'enfant qui a été obligé de se cacher dans le désert, à prendre possession de son dû, le trône éternel, Satan et ses anges étant définitivement vaincus à la croix. Cette victoire céleste entraîne un temps de déchaînement du malin sur terre avant l'accomplissement des plans divins (12).

C'est pour cela que deux bêtes sont encore autorisées à agir et à soumettre la plus grande partie des hommes à leur « religion » (13) :

- Une est venue de la mer, recevant tout pouvoir, blasphémant contre Dieu et se faisant adorer du plus grand nombre, l'antéchrist.

- L'autre est issue de la terre et soutenant la première par des signes et des miracles et une répression extrême, le faux prophète.

Vient l'annonce du changement radical de cap et de l'entrée en scène du principal acteur : l'Agneau, précédé d'anges annonciateurs et accompagné des 4 êtres vivants, des 24 anciens et de 144 000 rachetés. La moisson de la fin des temps est ordonnée. Elle devrait s'accomplir par le biais du contenu de sept coupes, qualifiées de sept dernières plaies, et portées par sept anges (14 à 16). L'apothéose est la chute de Babylone, sans doute lieu symbolique de la perversion et de l'idolâtrie (17 et 18).

La foule est nombreuse dans les cieux pour le mariage de l'Agneau avec Son Eglise, juste avant qu'Il descende combattre et l'emporte sur Ses ennemis (19).

Après avoir éliminé l'antéchrist, le faux prophète et tous les adeptes de Satan, Christ lie ce dernier pour mille ans, temps théocratique de paix terrestre décidé par Dieu, avant de relâcher le diable et de porter le jugement final (20).

Les nouveaux cieux et une nouvelle terre non polluée et non viciée sont alors annoncés où la paix, la joie et l'Amour seront perpétuels, la Nouvelle Jérusalem resplendissante descendant du ciel (21). Cette vision est complétée par le fleuve et l'arbre de vie, initialement planté dans le jardin d'Eden, Dieu vivant à nouveau au milieu de Son peuple (22.1-5).

Certains chrétiens trouvent ce livre trop lourd et dédaignent donc d'en écouter les enseignements. Cette réaction est insensée car l'exhortation finale à elle seule devrait nous inviter à reconsidérer notre position afin de ne pas sombrer dans la perdition, car tout est en passe de s'accomplir rapidement (22.6-21).

3. **Conclusion :**

Nous venons de parcourir, rapidement et imparfaitement, le contenu du Nouveau Testament en essayant de mieux cerner l'essentiel du message apporté par chaque auteur et en repositionnant les textes de manière chronologique.

Nous remarquerons que dans cette partie de la Bible, Jésus-Christ est omniprésent au point que se sont régulièrement Ses paroles qui sont transcrites ou paraphrasées.

La Nouvelle Alliance apporte une autre dimension à l'histoire de la spiritualité : l'Eglise Universelle devenant l'Epouse.

En suivant les très nombreux conseils offerts, nous ferons partie de cette foule louant l'Agneau au repas des noces auquel nous aurons été conviés.

Conclusion Générale.

Ce survol rapide de la globalité de la Parole et les données généralistes qui l'accompagnent sont un premier pas dans l'étude que chaque chrétien est appelé à réaliser durant sa vie.

Les Ecritures sont un tout : il est donc indispensable de maîtriser au plus vite les données générales et de comprendre ainsi la continuité parfaite des livres inspirés au fur et à mesure du temps à bien des serviteurs d'origines et de conditions différentes.

Nous voudrions simplement souligner quelques principes essentiels qui ont été constatés tout au long de notre approche superficielle.

- Christ est au cœur de l'entièreté de la Bible au même titre que le Père et le Saint Esprit (Gn 1.1-3) : c'est le plan de Dieu pour la création qui est révélée au travers de chaque livre.

- La Bible est un tout : l'étudier partiellement est insuffisant. Chaque Testament est à méditer dans son contexte et au regard de l'autre.

- En priorité, les Ecritures sont à prendre au premier degré. Seuls certains passages semblent plus symboliques, mais encore faut-il savoir lesquels et ne pas spiritualiser à outrance plutôt qu'appliquer simplement l'évidence.

- Les Mystères de Dieu sont progressivement révélés : avec Abraham, l'alliance avait pour moteur la foi individuelle uniquement, avec Moïse, Dieu y ajouta la loi et l'obéissance d'un peuple élu et, enfin, avec Christ, le salut gratuit inaugure la grâce qui s'acquière par la foi et se vit pour chaque homme au sein de l'Eglise universelle.

- Le Saint Esprit, présent à la création, oignait certains serviteurs ou rois dans les Ecritures pour ensuite baptiser et remplir de Sa puissance le Fils et enfin habiter en chaque chrétien « né de nouveau » dès la Pentecôte et jusqu'au retour de Christ, en les équipant des dons au service de l'église.

Cette formidable odyssée biblique n'est pas encore achevée, mais la dernière phase est déjà très avancée.

A nous de monter dans le bon wagon, celui du Royaume des cieux.

Ce livre est le premier cours d'un parcours réparti sur trois années de théologie pratique ouvert à tout chrétien soucieux de grandir.

Amen !

Table des matières

PRÉAMBULE. 1

INTRODUCTION. 2

CHAPITRE 1 : VUE GLOBALE DE LA BIBLE. 3

1. **DÉFINITIONS :** 3
   A. LES ECRITURES : 3
   B. LA BIBLE : 4
   C. LES TESTAMENTS : 5
   D. LA PAROLE : 6
   E. CONCLUSION : 7
2. **ORIGINE ET HISTORIQUE DU LIVRE ACTUEL :** 7
   A. L'ORIGINE : 8
   B. LA TRANSMISSION : 8
   C. GRANDES LIGNES DE L'HISTOIRE BIBLIQUE : 14
   D. CONCLUSION : 23
3. **COMPOSITION :** 23
   A. 66 LIVRES COMMUNS À TOUS : 24
   B. SEPT LIVRES DEUTÉROCANONIQUES : 26
   C. DES LIVRES PERDUS : 27
   D. VUE SYNTHÉTIQUE DE L'ENTIÈRETÉ DE LA BIBLE : 28
   E. LES CHAPITRES ET VERSETS : 35
   F. INSPIRATION ET RÉVÉLATION : 37
   G. CONCLUSION : 40
4. **DES TERMES DE L'ÉTUDE DE LA BIBLE :** 41
5. **CONCLUSION :** 43

CHAPITRE 2 : TRAITS D'UNION ENTRE LES DEUX TESTAMENTS. 46

1. **JÉSUS-CHRIST, THÈME PRINCIPAL DE TOUTE L'ECRITURE :** 46
   A. DES VERSETS QUI CONFIRMENT CE FAIT : 47
   B. DES THÈMES SEMBLABLES : 49
   C. DES PROPHÉTIES DE L'ANCIEN TESTAMENT SUR JÉSUS ACCOMPLIES DANS LE NOUVEAU : 50
   D. UNE PARTICULARITÉ : MOÏSE ET JÉSUS : 52
2. **UNE CONTINUITÉ PARFAITE :** 52
   A. LES MYSTÈRES DE PAUL OU DISPENSATIONS : 53
   B. LES PÉRIODES (CHRONOLOGIE) : 57
   C. CONCLUSION : 59
3. **UN SILENCE DE 400 ANS :** 59
4. **RESSEMBLANCES ET CONTRASTES :** 60
   A. LE NOUVEAU EST FONDÉ SUR L'ANCIEN : 60
   B. STRUCTURES SEMBLABLES : 62
   C. DES CONTRASTES : 64

D. Conclusion :	65
5. Conclusion du chapitre :	65

CHAPITRE 3 : L'ANCIEN TESTAMENT. 67

1. Composition :	67
A. Division du contenu par thèmes :	67
B. Place des livres dans l'ordre chronologique :	71
C. Dix périodes successives importantes :	76
D. Conclusion :	78
2. Résumé des livres :	78
A. Le Pentateuque :	79
B. Job ou la souffrance du juste dans l'épreuve :	98
C. La Théocratie :	102
D. La Monarchie :	113
E. La période de la captivité	174
F. Le retour d'exil :	183
G. Réflexions concernant cette période des rois, la déportation et le retour :	196
H. Les écrits apocryphes :	197
3. Conclusion :	200

CHAPITRE 4 : LE NOUVEAU TESTAMENT. 201

1. Composition :	201
A. Division du contenu :	201
B. Chronologie des livres :	203
2. Résumé des livres :	205
A. Les Evangiles (ou biographies de Jésus) :	206
B. Les Actes des apôtres (ou l'histoire des premières églises et missions) :	223
C. Les Epîtres de Paul :	226
D. L'Epître aux Hébreux :	239
E. Les Epîtres Générales :	242
F. L'apocalypse ou « révélation » :	247
3. Conclusion :	251

CONCLUSION GÉNÉRALE. 253

TABLE DES MATIÈRES 255

TABLEAUX ET FIGURES 257

BIBLIOGRAPHIE PRINCIPALE 258

LISTE DES ABRÉVIATIONS 260

Tableaux et figures

Tableau 1 : L'Ancien Testament 28
Tableau 2 : Le Nouveau Testament 33
Tableau 3 : Prophéties sur Jésus 50
Tableau 4 : Moïse et Jésus 52
Tableau 5 : Citations de l'Ancien Testament 61
Tableau 6 : Contractes entre les Testaments 64
Tableau 7 : Diverses classifications... 73
Tableau 8 : Les rois de Juda et d'Israël après le schisme 144
Tableau 9 : concordance entre Chroniques et les autres... 146
Tableau 10 : Classification thématique des Psaumes 152
Tableau 11 : Autre classification des Psaumes... 153
Tableau 12 : Prophéties sur le Messie 166
Tableau 13 : Thèmes de Jérémie 172
Tableau 14 : les apôtres 206
Tableau 15 : Les miracles dans les Evangiles. 220
Tableau 16 : Les paraboles dans les Evangiles... 221
Tableau 17 : la vraie et la fausse religion 242

Figure 1 : Contenu de l'Ancien Testament... 44
Figure 2 : Contenu du Nouveau Testament 45
Figure 3 : Historique simplifié des livres 72
Figure 4 : Chronologie du Pentateuque. 80
Figure 5 : De Moïse à David 101
Figure 6 : De Salomon à la restauration de Juda 139

Bibliographie principale

ABC de théologie chrétienne, Ch. C. Ryrie, Ed La Maison de la Bible, Romanel-sur-Lausanne, Suisse, 2005

Actes des Apôtres (Les), 1ère partie, M. Fox et Co, Centre de Publications évangéliques, Abidjan, Côte d'Ivoire, 1981

Actes des Apôtres (Les), 2ème partie, M. Kuhn et Co, Centre de Publications évangéliques, Abidjan, Côte d'Ivoire, 1984

Apocalypse (L'), verset par verset, J. H. Alexander, Ed MB, 1979

Bible (La) Esprit et Vie, Collectif, Life Publishers International, Springfield, Missouri, USA, 2006

Bible d'étude Semeur 2000, Collectif, Ed. Excelcis, Cléon d'Andran, France, 2000

Bible Thompson (La), F. C. Thompson, Ed. Vida, Nîmes, France, 1978

Christ (Le) revient, A. Kuen, Ed Emmaüs, Saint-Légier, Suisse, 1997

Christianisme (Le) pour les nuls, R. Wagner, Père D. Metzinger, Ed First, Paris, France, 2004

Comprendre la fin des temps, B. Yandian, Ed Lettres aux Nations, Roquebrune, France, 2003

Effervescence dans l'Eglise, D. Prince, Ed. DPM, Charlotte, USA, 1996

Foi (La) évangélique, W. Clayton, Ed. ELB, Braine-l'Alleud, Belgique, 1997

Guide de Doctrine Biblique, H. C. Thiessen, Ed. Parole de Vie, Québec, Canada, 1987

Introduction à l'Ancien Testament, G. A. Archer, Ed Emmaüs, Saint-Légier, Suisse, 1991

Introduction au Nouveau Testament, Evangiles et Actes, A. Kuen, Ed Emmaüs, Saint-Légier, Suisse, 1990

Introduction au Nouveau Testament, Les Lettres de Paul, A. Kuen, Ed Emmaüs, Saint-Légier, Suisse, 1989

Introduction au Nouveau Testament, Les Epîtres Générales, A. Kuen, Ed Emmaüs, Saint-Légier, Suisse, 1996

Introduction au Nouveau Testament, L'apocalypse, A. Kuen, Ed Emmaüs, Saint-Légier, Suisse, 1997

Nouvelle (La) Bible segond, Collectif, Alliance Biblique Universelle, Grenoble, France, 2002

Nouveau Dictionnaire Biblique, Collectif, Ed. Emmaüs, Saint-Légier, Suisse, 1992

Nouvelle (La) Bible déchiffrée, Collectif, Ed. LLB, Valence, France, 2003

Panorama Biblique, W. Evans, Ed. de Littérature Biblique, Braine-L'Alleud, Belgique, 1984

Petit guide de la Bible (Le), W. Elwell, Ed Farel, Marne-la-Vallée, France, 1994

Que dit la Bible sur la fin du monde ?, W. Malgo, Ed Mitternachtsruf, Pfäffikon, Suisse, 1983

Retour (Le) de Jésus-Christ, R. Pache, Ed. Emmaüs, Saint-Liéger, Suisse, 1968

Sainte Bible (La) Louis Segond avec commentaires de J. Mac Arthur, Ed Société Biblique de Genève, Romanel-sur-Lausanne, Suisse, 2006

Votre Bible, L.J. Walker, Institut par Correspondance International, Bruxelles, Belgique, 1973

Toutes les citations bibliques sont tirées de la Bible Louis Segond 1910.

Liste des abréviations

A.T. = Ancien Testament   N.T. = Nouveau Testament

Gn = Génèse
Ex = Exode
Lv = Lévitique
Nb = Nombres
Dt = Deutéronome
Jos = Josué
Jg = Juges
Ruth
1 S = 1 Samuel
2 S = 2 Samuel
1 R = 1 Rois
2 R = 2 Rois
1 Ch = 1 Chroniques
2 Ch = 2 Chroniques
Esd = Esdras
Nh = Néhémie
Est = Esther
Jb = Job
Ps = Psaumes
Pr = Proverbes
Ecc = Ecclésiaste
Can = Cantique des Cantiques
Es = Esaïe
Lam = Lamentations de Jérémie
Ez = Ezéchiel
Dn = Daniel
Os = Osée
Jl = Joël
Am = Amos
Abd = Abdias
Mi = Michée
Nah = Nahum
Ha = Habacuc
So = Sophonie
Ag = Aggée
Za = Zacharie
Ma = Malachie

Mt = Matthieu
Mc = Marc
Lc = Luc
Jn = Jean
Ac = Actes des Apôtres
Rm = Romains
1 Co = 1 Corinthiens
2 Co = 2 Corinthiens
Ga = Galates
Ep = Ephésiens
Ph = Philippiens
Co = Colossiens
1 Th = 1 Thessaloniciens
2 Th = 2 Thessaloniciens
1 Tm = 1 Timothée
2 Tm = 2 Timothée
Ti = Tite
Phlmon = Philémon
Jc = Jacques
1 P = 1 Pierre
2 P = 2 Pierre
1 Jn = 1 Jean
2 Jn = 2 Jean
3 Jn = 3 Jean
Ju = Jude
Ap = Apocalypse

Référencement :

2 Th 3.7-10 = 2 Thessaloniciens, chapitre 3, versets 7 à 10

acn = avant la naissance de Christ
pcn = après la naissance de Christ

I want morebooks!

Buy your books fast and straightforward online - at one of the world's fastest growing online book stores! Environmentally sound due to Print-on-Demand technologies.

Buy your books online at
www.get-morebooks.com

Achetez vos livres en ligne, vite et bien, sur l'une des librairies en ligne les plus performantes au monde!
En protégeant nos ressources et notre environnement grâce à l'impression à la demande.

La librairie en ligne pour acheter plus vite
www.morebooks.fr

OmniScriptum Marketing DEU GmbH
Heinrich-Böcking-Str. 6-8
D - 66121 Saarbrücken
Telefax: +49 681 93 81 567-9

info@omniscriptum.com
www.omniscriptum.com

www.ingramcontent.com/pod-product-compliance
Lightning Source LLC
Chambersburg PA
CBHW021822300426
44114CB00009BA/288